ROSA IGLESIAS ~ EL ESTILARIO

Manual de tu
ESTILO PROPIO
(y de nadie más)

Arcopress • Belleza y moda
Dirección editorial: Pilar Pimentel
Diseño y maquetación: Fernando de Miguel

www.arcopress.com
pedidos@almuzaralibros.com - info@almuzaralibros.com

Editorial Almuzara
Parque Logístico de Córdoba. Ctra. Palma del Río, km 4
C/8, Nave L2, nº 3. 14005 - Córdoba

Imprime: Black Print
ISBN: 978-84-10522-36-7
Depósito Legal: CO-726-2024
Hecho e impreso en España - *Made and printed in Spain*

A mi hijo. Mi gran obra maestra y el amor de mi vida.

Índice

Manual de uso de este libro *estilario*:

Aquí en este libro tienes todo mi saber *estilario* a tu servicio. Me he abierto en canal, más que una folclórica en un escenario, para preparar este completo tutorial con el que deseo que disfrutes del camino hacia tu estilo propio. Léelo con calma. No lo devores de una sentada (aunque soy consciente de que es irresistible). Subraya, marca, anota lo que consideres relevante. Vuelve a él de vez en cuando. Y visualiza cada parte del proceso. Disfrútalo, *estilaria*. Aquí empieza el viaje hacia tu esencia y tu alma.

Introducción:
abraza el drama

Querida lectora *estilaria*:

E ste es el comienzo de una historia de amor. Como cualquier relación amorosa que se precie, la historia es más feliz si reina la comunicación desde el principio. Así que te voy a pedir sinceridad con el único y verdadero amor de tu vida, el que te va a acompañar siempre hasta el final: el que más cariño demanda y al que menos le ofreces. Me refiero a ti. Sé sincera contigo misma. Si has llegado hasta aquí, y tienes este libro en tu mano, es por alguna razón concreta; es posible que la tengas clara o, por el contrario, quizás aún no seas capaz de identificar con exactitud cuál es. Pero el simple hecho de que algo irracional, no identificado ni definido, te empuje a ello ya es una evidencia de que necesitas la sinceridad que te pido, para poder comenzar y exprimir al máximo lo que vas a leer en este libro. Porque te aseguro que, página a página, vas a encontrar respuesta a muchas de esas preguntas de espejo y de estilo que te inquietan y perturban.

Si buscas:
   —Entender tu imagen y reconciliarte con lo que ves al otro lado del espejo.

   —Conocer los colores que te favorecen y con los que te ves con cara de acelga sin que la culpa sea de la edad o de que no sabes cómo sacarte partido (*spoiler*: los colores pueden hacer mucho por ti o todo lo contrario).

   —Saber qué es eso del fondo de armario, los básicos, el armario cápsula y todos esos términos que nos rodean en las redes sociales.

   —Caminar hacia la meta de tu estilo propio y de nadie más; ese que te defina, que hable de ti aunque estés callada, aquel con el que te afirmes y reafirmes.

Entonces este libro es para ti. Juntas, y poco a poco, iremos subiendo peldaños hacia el pódium en el que celebrarás tu victoria y el inicio de una nueva etapa en la que dominarás tu armario y tu imagen personal.

Como un ejercicio para visualizar de qué va este libro, te propongo que imagines a *La Cenicienta* de Disney. La que, con un armario de pena, lloraba desconsolada porque, después de haberse currado un precioso vestido rosa (recuerda la cantidad de noches que se había quedado dándole a la aguja), se lo destrozaron y se quedó sin modelito para ir a la gran fiesta. Un equivalente a cuando tú planeas tu *outfit* perfecto para una situación X, el cual tienes en tu cabeza 100 % claro, pero, al probártelo, no es como pensabas y te quedas sin *look*. Cenicienta, en esa crisis terrible de su «no sé qué ponerme» (que podría ser perfectamente esa tuya, llegando incluso al «pues me quedo en casa»), aparecían los pajarillos, ratones y el hada madrina cantarina a solucionarlo. Gracias a la magia, Cenicienta hizo su acto de presencia en la fiesta deslumbrando, mucho más guapa e ideal que todas las que llevaban modelitos carísimos: muy Puerto Banús en su máximo apogeo.

Pues bien, este libro es esa magia. Páginas llenas de ratones costureros, pajarillos hilvanadores y aquí tu *jefa estilaria*, para coordinarnos todos. Porque, si tú también estás en una fase de «no sé qué ponerme» o si los *looks* que ideas en tu cabeza no se corresponden con la realidad de tu espejo, puede que te encuentres en el final de una etapa y el comienzo de otra. Sirenas que te indican el final de un trayecto para que te cambies de tren. Así que aquí tienes el billete con el destino idóneo para ti, para conseguir encajar en un nuevo estilo que te defina y te haga feliz. Un camino en el que analizaremos todos los catalizadores que te ayudarán a entenderte a ti y a identificar lo que necesitas.

EL CAMBIO

¿Cómo llega una a ese momento en el que de repente ya no disfruta de ir de compras, o siente que cada día va vestida igual o que su cuerpo no es el que siempre ha tenido? ¿Por qué no nos vamos dando cuenta de todos esos cambios que se van sucediendo paulatinamente?

La vida nos arrolla. Los acontecimientos van pasando mientras tú te has mantenido en un paréntesis, en un espacio vacío lejos del espejo. Puede que haga ya mucho tiempo que no te miras, que no te dedicas tiempo, que no te tienes en cuenta. Quizás has tenido hijos, has estado preparando unas oposiciones absorbentes, has tenido pareja y ya no la tienes... O todo se ha mantenido estable, pero tu cuerpo o tu edad han cambiado, o quizás ha llegado la menopausia, o las hormonas en general están un poco alteradas, porque la fiesta de la hormona pasa a *rave* descontrolada según los cuarenta van sumando años y se aproximan los cincuenta. Cambios pequeños o grandes que explotan esa burbuja de pasividad y movimientos mecánicos de armario (me levanto, me visto) y que te plantan de forma brusca en tu yo actual. Como si te hubiesen criogenizado y te despertasen un montón de años después, en una nueva era, en la que ni tú ni tu cuerpo sois como erais antes del paréntesis. No hace falta que sea una transformación extrema.

Ni siquiera que el cambio haya sido físico. Hablamos de cambios que pueden ser simplemente de actitud o de percepción. Es suficiente con que tú ya no pienses como pensabas hace cinco o diez años. Y es que si tú no eres la misma de antes, no pidas que tu armario del pasado te ofrezca soluciones, si no ha ido evolucionando contigo.

Y aunque tendemos a fijarnos en los estándares, que es a lo que nos acostumbra la publicidad, las redes sociales y lo que nos rodea (las imágenes mentales que hemos ido construyendo), en las siguientes páginas no tomaremos como referencia ni el concepto de belleza o de lo que se supone que es bello, ni tampoco el de perfección. Intento que entiendas que en tu proceso de búsqueda de estilo propio no tienes que compararte con nadie. Imagina que no existiera ninguna otra persona más que tú en el mundo. ¿Quién determinaría qué es bello o no?, ¿con respecto a quién lo serías o no? Por esa razón, vamos a hablar de tiempo, de evolución, de cambio. No de «ser guapa». Porque ¿qué es ser guapa?, ¿existe la belleza universal? De hecho, si abres un debate con tus amigas sobre celebridades, es probable que no todas deis la misma respuesta a la pregunta de ¿quién crees que es la más guapa? Hay a quien Georgina le parece lo más y quien adora la belleza andrógina y elegante de Cate Blanchett. Es lo que comúnmente se conoce como «sobre gustos no hay nada escrito».

Cuando hablo de cambio le doy más importancia al concepto del tiempo. Tú no eres la misma de hace diez años. Ni siquiera eres la misma que el año pasado. El tiempo, la evolución, nuestras vivencias y muchos factores más nos dirigen de manera natural e inevitable al cambio. Aferrarte al pasado idealizado es un freno constante y una fuente de frustración que te ciega para no dejarte avanzar en el camino de tu estilo propio. No es más que una estrategia de autoengaño y la posición fácil para escudarte en la cobardía de no plantarte delante del armario, mientras te refugias en el «con lo bien que estaba yo antes, cuando tenía un cuerpazo/un estilazo/[inserta aquí perogrullada idealizada del pasado]». Seguro que has visto *Regreso al futuro*. La mítica película en la que Michael J. Fox viaja al pasado por error. Pues vamos entonces a emplear la metáfora del DeLorean para transportarte a la realidad de esos años, en los que, con toda seguridad, no todo era perfección absoluta, para que puedas verte desde fuera, en tercera persona. El ejercicio es muy sencillo. Busca un álbum de fotos de esos años pasados cuyo estilo añoras o cuya imagen tienes idealizada en tu cabeza, y ábrelo. Piensa en alguno de esos momentos y trata de revivir las sensaciones delante del espejo o del armario. O escucha una canción que creías olvidada y que te llena de recuerdos, a través de la cual quizás reconectes con esas inseguridades que en el momento te parecían un mundo. Yo soy extremadamente musical y las canciones activan recuerdos y me llevan a revivir instantes: he llorado muchas de mis inseguridades adolescentes con «Torn» de Natalie Imbruglia, por ejemplo. Aunque transportarte a esa época es probable que te lleve a la parte idealizada, de la que has borrado esas inseguridades, los tropiezos, los momentos de frustración, porque, a menudo, cuando echamos la vista atrás, nos quedamos solo con lo estupendas que estábamos o lo fantástico que era todo; pero, al igual que hoy, también vivías momentos de incertidumbre e inseguridad. Nos han engañado haciéndonos creer que cualquier tiempo pasado fue mejor. Y no, cariño. Si vamos de dicho en dicho y tiro porque me toca, me quedo con que «lo mejor está por llegar».

Este libro no va de edades. Ni va dirigido a una etapa de la vida en concreto ni tampoco tiene como objetivo que aparentes menos edad de la que tienes. Va de TU YO ACTUAL. Al que has llegado gracias a todos los cambios que has ido experimentando a lo largo de tu vida. Y es que, sea como fuere, nunca vamos a estar más estupendas que hoy mismo. Debemos entender y disfrutar nuestro presente porque nos pasamos la vida añorando un pasado que en su momento es posible que no nos gustase tanto como idealizamos hoy. Somos tan maravillosas ahora porque somos la suma de todo lo que ya hemos vivido.

ABRAZA LA INSEGURIDAD

Destinamos la mayor parte de nuestra energía a enumerar y relatar nuestras inseguridades. Las atesoramos de forma enfermiza.

Tenemos esa lista siempre revisada y actualizada. No vaya a ser que se nos escape alguna. En lugar de centrarnos en los aspectos positivos, está mejor visto, quizás por cultura popular, lamentarse que ensalzar lo bueno que tenemos o lo fantásticas que somos en muchos aspectos. Lo más habitual socialmente es comentar lo que no nos gusta de nuestro físico, nos sentimos más libres de expresar lo negativo que lo que nos enorgullece de nosotras mismas. ¿Cuántas veces te ha pasado eso de que te digan «qué guapa estás hoy» y empieces a echar balones fuera del estilo «pues me ha costado dos duros» o «bueno, no te creas»? Es muy probable que en tu cabeza no quepa la posibilidad de responder al «¿cómo estás?» con un «mejor que nunca». Y puede que de aquella mujer que se encanta a sí misma pienses que «es que es una creída». Es increíble que, aun a pesar de que esté tan de moda el autocuidado, no seamos realmente conscientes de lo valioso que es decirse lo bonito. DecirNOS lo bonito. Pararnos en lo bonito y en lo bueno. Y no poner una y otra vez en primer plano lo negativo. Lo que no me gusta, lo que no puedo ponerme, lo que no me queda bien, lo que no tengo, lo que no puedo conseguir. *Noes* interminables que no sirven para nada.

Cuando focalizamos únicamente en lo que no nos hace sentir seguras, lo somatizamos de tal manera y lo acabamos poniendo tan de manifiesto que no vemos más allá. No me refiero a que haya que mirar para otro lado. Ni trato de que te transformes en una inconsciente fantasiosa. La realidad es la que es. Por algo es REALidad. Y es esa realidad la que hay que mirar desde una nueva perspectiva. Hay que abrazarla. Con la consciencia de lo que existe y que está ahí. Pero sin descuidar todo lo bonito que tenemos. Lo que buscamos es el equilibrio de reconocernos. A menudo me encuentro clientas que en el inicio del proceso de la búsqueda de su estilo propio comentan todo lo que no tienen o no pueden conseguir. Aquellas que, aun con herramientas y asesoramiento, siguen ancladas en que no son capaces de poner en práctica ese estilo buscado. Cuando, en realidad, no hace falta ni un cuerpo perfecto, ni una cartera llena de posibles, ni un vestidor infinito. Hace falta actitud. Encender la mecha, pasar a la acción.

Si tenemos hijas, es interesante mirarnos en su espejo. Porque la manera en la que nosotras actuemos con ellas dice mucho de cómo actuamos con nosotras mismas. No intentes que ellas reproduzcan nada. Ni siquiera intentes salvarlas de los errores que tú sufriste. No les digas que ese estilo que siguen no les favorece, no les saca partido. Pero acompáñalas delante del espejo. Empújalas a que se miren en él. A que se piropeen delante de él. A que se vistan como quieran, que exploten su seguridad y abracen sin miedo su inseguridad. Que no hay más tribu a la que pertenecer que la de una misma.

Yo tuve mi época *grunge*, como buen fruto de la generación Cobain que soy. Camisas de franela, pelo de colores con tintes caseros que teñían poco y estropeaban mucho el cabello, pantalones de señor mayor dos o tres tallas más grandes (todavía recuerdo a mi madre preguntándome cuándo iba a dejar de usar pantalones de fontanero, como ella llamaba a esos pantalones de sarga, tipo cargo) y *bombers* de pana de segunda o tercera mano, que aún añoro por lo mucho que me gustaban. Mi madre, que es una mujer muy elegante y estilosa, detestaba mi *look*. Ella prefería el día en el que me levantaba con el aire *brit* (también tenía mis momentos Oasis) y me ponía las minis de tartán con las camisas blancas de cuellos enormes. Al menos me veía femenina. Opinaba de mis *looks*, se ponía nerviosa con ellos, pero no los sancionaba: me dejaba ser. Me dejaba comprar y experimentar. Solo intentaba hacerme ver que con algunas cosas estaba más favorecida que con otras. Sin limitarme, sin castigarme (ya eso lo hacía cuando me pasaba de hora). Ahora que ha pasado el tiempo, a mí me encanta verme en unas y otras fotos. Hasta en las más tremendas (hay un documento que en mi grupo de amigos es una referencia recurrente. Un puro *look* de los 2000 —esos sí que fueron años duros y no los *grunge*— con unas medias rosa fucsia, que quedó bautizado para siempre como «el disfraz de torero»), me siento yo misma y percibo la esencia de cada uno de esos momentos. Me gusta sentir mi evolución y respirar lo que el tiempo va haciendo conmigo, con sus buenos y malos momentos.

Si profundizamos en las inseguridades, llegamos al concepto de las etiquetas, que están muy relacionados. Es probable que hayas sido víctima de etiquetas. Puede que, desde tu infancia y, sobre todo, desde la adolescencia, no necesariamente con maldad, las personas que te rodean hayan ido etiquetando tu físico. Quizás sin connotaciones peyorativas, pero son etiquetas al fin y al cabo que van calando en nosotras hasta que nuestro cerebro las da por buenas por efecto de la costumbre y la repetición. Tanto que, incluso aunque pasen los años y nuestro cuerpo cambie, nos seguimos definiendo a nosotras mismas como caderonas, por ejemplo, o de piernas torcidas o gorditas o palitos. De pequeña yo era un auténtico fideo de piernas largas y absolutamente esqueléticas. El «piernas de palillo» era la etiqueta que mi familia me había asignado. Con el paso del tiempo, mis piernas siguen siendo largas y delgadas, pero ya no son «de palillo». Sin embargo, aún hay quien en mi familia piensa en «¿te vas a poner eso con tus piernas de palillo?». Yo conozco mis proporciones y mi cuerpo y por eso, independientemente de lo que opinen, me he liberado de las etiquetas. Benditas mis piernas de palillo que me encantan. Pero es habitual que, de tanta repetición continuada, nuestra imagen mental quede anclada en ellas. Cada vez que tengo asesoría presencial con alguna de mis clientas, me encuentro con etiquetas arraigadas, en muchas ocasiones, sin razón presente. Puntos fuertes que son autopercibidos como débiles en función de quien los haya emitido y que de escucharlos como tal se interpretan como negativos. Si a mí no me gustan los cuerpos con curvas y tú las tienes, te voy a etiquetar como demasiado *curvy*. ¿Y quién ha dicho que tener curvas no sea estiloso?

Esa es una de las razones por las que el cambio de estilo también ayuda a cerrar etapas antiguas y a empezar a vivir tu presente. Avanza hacia tu imagen del futuro, y no te quedes petrificada en el mismo punto, en el que, además, no te atreves a mirarte en el espejo para no seguir encontrándote con esas famosas etiquetas. Porque en muchas ocasiones, esas etiquetas son heridas, son dolores del pasado con los que no nos hemos reconciliado. Que los tapemos o que miremos hacia otro lado obviándolos no significa que los hayamos sanado.

Puede que no haya etiquetas, pero sí cambios físicos que hemos experimentado y con los que aún no hemos confraternizado. Cambios a causa de las hormonas, de los embarazos, de la salud o de, simplemente, habernos abandonado. Porque es completamente lícito y respetable pasar por épocas en las que nos abandonamos absolutamente. Olvidando nuestro cuidado y nuestro espejo. Y aunque esos cambios parezcan un balcón asomado al vacío: enhorabuena, se trata en realidad de una oportunidad para renacer. Yo misma, después de dos abortos y de empezar con un hipotiroidismo que me costó diagnosticar y que me atacó con todo tipo de síntomas silenciosos, tuve que empezar otra vez a reconocerme a los 36. Y no es solo una cuestión de cambios físicos o de peso, es esa sensación de no ser la que siempre has sido, de no sentirte como tal. Tienes que ser valiente y abrazar esas ganas de transformación: ese es el primero de los pasos en este camino hacia tu estilo propio y el más difícil de todos. El coraje de empezar por darle la mano y presentarte a la que está al otro lado del espejo es el primer peldaño hacia el éxito de tu armario. Da igual cuáles hayan sido las razones que te hayan traído hasta aquí: tanto si empiezas una nueva etapa en tu vida personal o profesional como si, después de años de hibernación, tras ese paréntesis por criogenización simbólica, sientes de nuevo las ganas de reconectar con tu imagen.

EL DRAMA DE LAS REDES SOCIALES Y LAS *INFLUENCERS*

No seré yo la que diga que las redes sociales son el mal. O que las *influencers* lo son. Porque ya bastante se las demoniza por mala e injusta generalización. El mal somos nosotras como consumidoras de contenido. Una no se puede lanzar a bucear sin haber superado los consabidos cursitos preparatorios. Y resulta que a las redes sociales nos han lanzado con unas gafas de bazar, de las de plástico del malo, y una promesa de que vamos a ver un montón de peces de colores. Pero, para poder aprovechar bien la experiencia y sacarle el máximo partido, y sobre todo un beneficio, hay que saber cómo hacerlo. Necesitamos una guía básica de uso, un libro de instrucciones. Si hasta los paquetes de pipas tienen instrucciones. Debemos entender y usar las redes sociales como lo que son: una herramienta de inspiración. De estas obtenemos muchas ideas, tomamos conciencia de la diversidad, nos sentimos acompañadas en nuestra inseguridad, aprendemos trucos… y de las *influencers*, como prescriptoras en ese medio, exactamente igual: son la materialización de todo esto, son la parte práctica de la asignatura. Por esa razón, para poder aprovechar bien todo el potencial, esos cursillos de buceo son necesarios. No es sano hacer *scroll* a ciegas, en piloto automático, quedándonos solo en lo que no suma ni enriquece, alimentando demonios que ya bastante nos dañan, focalizándonos en ellos. No es constructivo lamentarnos de las casas que no tenemos, las cocinas perfectas, los montones de niños ideales y aparentemente educados, de los cuerpos que no tenemos, de los presupuestos que no manejamos, de las vacaciones que no vivimos, de la vida organizada y de éxito tan alejada de la nuestra… porque veamos que otras sí disfrutan de ello. Y esto es más viejo que un bosque, porque lleva toda la vida sucediendo. Siempre ha habido vidas de fantasía. La *jet set* marbellí siempre ha existido, y la «revista del saludo» nos enseñaba vidas y casas de ensueño. La diferencia radica en que con las redes sociales lo sentimos en primera persona. Lo sentimos desde la sensación del tú a tú, de quien nos habla directamente a nosotras, de quien se dirige a nosotras. Y por eso la frustración es mayor. Simplemente, tenemos que entender que no están ahí para recordarnos lo que no tenemos o lo que no somos. Están ahí para entretenernos, para darnos ideas, para que nos fijemos en recursos y propuestas en los que no habíamos caído, en combinaciones de colores interesantes o en marcas que no conocíamos. No son el espejo en el que mirarnos. El espejo en el que nos hemos de ver reflejadas es uno de cuerpo entero que debemos tener en casa y por el que es obligatorio pasar varias veces al día para que nuestro cerebro mantenga fresca esa imagen mental nuestra, con el objetivo de reconciliarnos con nosotras mismas, de romper las etiquetas y de quedarnos con lo que de verdad importa en el camino al estilo propio.

Ese espejo, además, es el que tiene la auténtica y única información valiosa. Porque cuando te pones algo que le has visto a no sé cuántas *influencers*, pero en ti sientes que no funciona, que va como una patada, no es porque no seas como ellas. No es porque tu cuerpo no sea como el suyo. No es porque te falte estilo. Es porque no te has mirado y no te conoces. O porque te faltan herramientas y trucos de estilo que, créeme, se pueden aprender: de hecho, yo en este libro te voy a enseñar. No caigas en el bucle de que no te queda bien por tu propia culpa, porque a ti nada te queda bien. Porque tu físico no es así. No tienes que ser como esas *influencers*, porque ya eres tú misma. En lugar de eso, ponte a analizar por qué no funciona. Qué falla. Y te aseguro que lo que falla no es tu cuerpo. Es la falta de conocimiento que tienes sobre él y sobre sus proporciones. Tranquila, yo te voy a acompañar en ese proceso.

Porque no vas a levantarte, sin más, una mañana, vistiendo como Olivia Palermo o como Tamara Falcó. En todos los años que llevo haciendo asesorías de imagen (desde 2008 en concreto) he ido viendo cómo hemos pasado de tener como referencia a Olivia Palermo, Alexa Chung o Paula Echevarría a Tamara Falcó. Son perfiles, en todos los aspectos, completamente distintos entre sí que lo único que tienen en común es que aciertan con sus *looks* basándose en su estilo personal. Es que se conocen y se sacan partido. Físicamente son chicas normales, que percibimos como diosas del estilo nada más y nada menos que porque se ponen lo que les queda bien. Que saben lo que les queda bien. Y esto, aparentemente tan evidente, es la madre de todas las batallas (hablaremos sobre ello en el siguiente capítulo). Que nos refiramos a una o a la otra, que antes fuera Olivia y ahora sea Tamara no es más que fruto de la exposición mediática. Claro que tienen estilo. Es verdad. Es innegable e indiscutible, al margen de gustos personales. Pero como profesional de esto te aseguro que si toda la población se vistiese como una o como otra, esto sería muy aburrido. Por tanto, cuando en las sesiones de imagen respondes a mi pregunta de qué estilo te llama la atención..., en realidad no te estás fijando en lo que llevan puesto. Te estás fijando en su actitud, en lo que representan.

Y la actitud se entrena. Una seguridad que se entrena con espejo, autorrespeto y autocuidado.

PONIENDO DE TU PARTE

Tampoco vas a despertarte con tu armario, de repente, perfectamente ordenado por colores, coordinado y lleno de ideas siempre interesantes y divinas para vestir cada día con estilo y sin romperte la cabeza pensando en qué ponerte. Porque si estás perdida con tu estilo o con tu concepto de armario, necesitas una píldora mágica que funcione. Esa píldora mágica solo tú la puedes fabricar. Por algo se llama estilo propio y de nadie más. Porque lo ideal es aprender a absorber la información que nos rodea para meterla en nuestra coctelera personal y crear lo que se ajusta a nosotras. Aunque esto parezca más una fórmula matemática digna del meme de las ecuaciones imposibles (el de la mujer rubia calculando en estado de máxima concentración), la buena noticia es que conseguirlo no es tan difícil como parece. Solo necesitas seguir un paso a paso para ir armando ese puzle de éxito. Y este libro te va a guiar en ese proceso, tal y como iremos viendo en los capítulos sucesivos. Si algo también me ha facilitado la experiencia es la enseñanza de que muchos de los problemas de tu armario derivan, asimismo, de no dominar su contenido. Puede que, por exceso de cosas acumuladas durante años o por compras mal gestionadas que seguimos atesorando, esté pidiendo un cribado a gritos. Por no hablar del desorden. Todos estos factores convierten nuestro armario en un espacio ingobernable. Por eso, capítulo a capítulo, te voy a ir explicando la fórmula de esa píldora para que puedas fabricarla. No quiero darte los peces. Voy a enseñarte a pescar.

Para empezar este camino, tienes que poner mucho de tu parte. Siento decirte que el camino del estilo propio exige un poquito de compromiso y de trabajo. Y exige también que te pongas a ti misma en valor para así olvidarte de lo que la gente piensa u opina. Porque la única opinión realmente válida e importante es la tuya. Esa validación que buscamos siempre en el otro desaparece cuando ganamos seguridad. Cuando una se viste con seguridad desaparece la figura del marido con cara de susto diciendo «¡¿Vas a salir así!?». Ni tampoco vivirás la típica situación de salir de compras acompañada de tu madre o de alguna amiga y volver con compras divinas… para ellas. Acompañar a otros no consiste en decirle que se compre lo que tú te comprarías. Tampoco es asentir sin criterio para alegrarle el día, aunque lo que se compre le quede fatal. Esto no es la fábula del traje nuevo del emperador. Acompañar de compras (y así lo hago yo en mis sesiones de compras asesoradas) es elegir más allá de lo que a una como acompañante la defina. Por eso te voy a ofrecer un apoyo según mi método. Enseñándote el camino para que comprendas lo que encaja con tu estilo y con tus proporciones. No te preocupes, también hay un capítulo para aprender a comprar con mayor garantía de éxito, con mi sistema infalible. Un auténtico cinturón de seguridad de las compras. El que salva vidas de tantos armarios.

LAS EXCUSAS

Estos procesos de estilo propio no son inmediatos. Tampoco son fáciles. Como todos los procesos necesitan de compromiso y constancia porque se alargan en el tiempo. Porque no vale de nada que empieces con muchas ganas para luego abandonar a la mínima y escudarte en que no es algo para ti, que no has nacido para eso o que no tienes estilo y punto. Todo el mundo es capaz si quiere, se lo propone y se compromete. La vida está hecha de azares sucedidos y de azares buscados. Contra los primeros no podemos hacer gran cosa, pero contra los segundos sí.

Porque lo de comprometerse es esencial: te adelanto que eso de levantarse de la cama y salir a la calle con un *look* divino sin pensarlo ni esforzarse no existe. Esos *looks* aparentemente desaliñados están más que pensados y estudiados. El estilo propio no es exclusivo de unos pocos elegidos ni de una comunidad salvadora del universo con un don exclusivo. En este libro verás, a lo largo de los once capítulos, cómo vamos a conseguirlo. Te voy a facilitar este trabajo para que se convierta en un proceso divertido y gratificante. Porque la ropa es una herramienta que debe estar siempre a tu servicio.

Así que si yo me comprometo a hacerlo fácil, a ofrecerte el cuadernillo Rubio del estilo, a ti te pido dosis de trabajo y compromiso. Que no recurras a las excusas, como en cualquier situación ante la que nos rendimos porque supone un esfuerzo. Lo fácil es ampararse en el «no tengo tiempo de nada». Pues no, *estilaria*. No se te ocurra poner excusas. Empezar con la cantinela de la ausencia de tiempo para no trabajar en ello es cobarde y puro autoengaño. Si anotases en un papel el tiempo que pierdes haciendo cosas vacías e innecesarias, te sorprendería la cantidad de doctorados que harías a lo largo de tu vida. Y si la del tiempo no vale, tampoco es apta la excusa de «ya no tengo edad». O «mi cuerpo ha cambiado». O «soy una desordenada». O «no tengo dinero». O «no me gusta ir de compras». Ninguna de estas es disculpa ni límite que impida que llegues a donde quieres llegar.

Hasta ahora es probable que solo hayas leído artículos, libros o publicaciones; o visto vídeos de consejos en los que, fundamentalmente, te hablan de lo que debes hacer. Consejos sobre todo: sobre cómo sacarte partido, sobre cómo maquillarte mejor, sobre cómo ponerte una u otra prenda… Sin embargo, tan importante es saber cómo llevar algo como lo contrario. Así que en este libro también verás lo que «no se te puede ocurrir» hacer. Para ponerle sentido de humor a este proceso, para abrazar ese drama, como decíamos al principio, un buen comienzo es empezar por frivolizar sobre ello: de la risa solo salen cosas buenas.

SALIR DEL BUCLE

La respuesta a las preguntas y la salida perfecta en esta autopista hacia la búsqueda del estilo es precisamente esa: lograr salir del bucle. No me refiero al ya manido «salir de la zona de confort». Aunque si se entiende por confort el hecho de que te levantes del sofá y te sacudas las telarañas de la pereza para empezar un proceso de estilo, sí lo doy por válido. Cuando estás atascada contigo misma, no importa la cantidad de consejos que leas o que escuches, porque no serás capaz de verlo como una ayuda ya que tú misma eres tu única y principal limitación. No podrás interiorizar ni materializar nada hasta que dejes de frustrarte y castigarte.

Celebra ese cambio, celebra esas ganas de transformación y hazlo con actitud positiva. Esto no va de convertirse en ninguna otra persona. No consiste en copiar a nadie. Ni en cambiar tu vida, tirar tu armario por la ventana, ser de repente alguien nuevo. La realidad es que se trata de sacarle brillo a la lámpara hasta que salga el genio que llevas dentro. Abrazar el drama es mirarte de frente, entenderte desde todas tus perspectivas y comenzar a sacarte partido: el pase directo hacia tu nueva etapa de armario. Es una transformación que implica un cambio de mentalidad que abarcará otros aspectos de tu vida. Es abrir una puerta a todo lo que vendrá: una puerta hacia tu estilo propio y de nadie más.

#NOSETEOCURRA

Vivir en un Instagram.
Lo tuyo siempre será mejor
solo por el hecho
de ser tuyo.

I

Que te encante no significa que te quede bien

Q ue te encante no significa que te quede bien. Es cierto que suena como una frase que diría la chica popular y mala, malísima, que siempre sale en las películas de instituto americano. Esa que es rubia, masca chicle y tiene una melena larga que mueve con esmero cada vez que se gira. Y aunque es cierto que de primeras puede parecer una frase poco constructiva, en realidad es todo lo contrario. Así que para empezar con energía de la buena, te voy a pedir que la leas de nuevo, un par de veces. Pronúnciala en alto. Con toda la consciencia del mundo, como un *mindfulness estilario*:

Que te encante no significa que te quede bien.

Saboréalo. Repítelo en voz alta. Hazlo tantas veces como sea necesario hasta que comprendas la profundidad de esas palabras. Toda la profundidad positiva porque entenderla y asimilarla es el primer paso de tu nueva etapa de armario feliz y funcional. Porque esta frase con una apariencia falsamente tóxica es, en realidad, un mantra que aglutina en sí mismo la explicación de la mayoría de tus compras erróneas. Que te ayudará a entender el porqué de esos cadáveres escondidos en tu armario. Ropa la cual, por mucho que entrecierres los ojos y mires al infinito en busca de una respuesta, no terminas de entender por qué te la compraste, en qué momento se te nubló el entendimiento. Por eso, aunque suene a cruel «zasca», en realidad esta máxima es pura positividad. Porque es sencillamente el resumen de la evidencia lógica de que no todo te tiene que quedar bien. Así de claro: no todo lo que existe en las tiendas, no todas las tendencias que salen te tienen que quedar bien. Se fabrica ropa para todos los seres humanos del mundo, que, por suerte, somos afortunadamente diversos. Y has de entender que, por supuesto, no es culpa tuya que no todo te quede bien. Porque la ropa siempre será una herramienta a tu servicio. Y esta frase es altamente relevante porque sencillamente te está alertando de que no te estás prestando atención, de que te estás pasando por alto. Que únicamente estás mirando lo que llevan los demás sin mirarte a ti misma, sin conocerte lo necesario y suficiente. Y por eso estás eligiendo mal lo que te quedas. Puede que ahora mismo tengas un lío en la cabeza en forma de trabalenguas sobre lo que acabas de leer. Pero no huyas. A continuación te lo explico con detalle.

EL MODO ZEN *ESTILARIO*

El objetivo de este libro no es otro que ayudarte a encontrar tu estilo propio; el de nadie más que el de ti misma. Y eso es toda una gimkana de superación de muchos #noseteocurra: hábitos que has ido instalando en tu espejo, sin querer. Fruto de no mirarte lo suficiente, de tratarte con rudeza... Pero que se han ido haciendo fuertes. A esos malos hábitos de escaso autoamor me los imagino como miniokupas de tu cabeza que alteran la percepción que tú tienes de ti misma. Desconozco el tiempo que llevarán ahí arriba haciéndose fuertes, implantando sus creencias y ultrajando tu amor propio. Pero se trate de poco o de mucho tiempo, ya es hora de que abandonen la que hasta ahora ha sido su casa. Esa limpieza mental es urgente. Porque si no desterramos creencias y hábitos limitantes, difícilmente vamos a poder llegar al objetivo que perseguimos aquí, a nuestro nirvana particular. Son esos cambios los que de verdad te van a llevar al estilo propio. Esos y no la solución fácil de tirarlo todo a un contenedor o incinerarlo todo con un lanzallamas para así estrenar un armario con ropa nueva. Tampoco consiste en que frotes una lámpara y puedas pedir el deseo de tener una talla distinta a la que tienes ahora. El proceso es un poco distinto y requiere únicamente de tu compromiso y colaboración. Para poder hacer las cosas bien y llegar con éxito al objetivo, es necesario empezar poniendo los pies sobre la tierra. Y por eso yo me visto con el traje de Pepito Grillo para este primer capítulo. Con mi voz de la conciencia estilística, te susurro un «a ver, *estilaria*, ¿en qué estás pensando?». De ahí que te diga que integres esa frase de «que te encante no significa que te quede bien» y la adoptes como tu mantra. Que la repitas cada vez que salgas de compras: *que te encante no significa que forzosamente te favorezca y te quede bien*. Pero sin frustraciones ni malos rollos. Que te obligues a mirarte al espejo, con cariño, con el cuidado que tú misma mereces para así llevarte a casa la prenda que esa deidad, que eres tú misma, merece. Ni más ni menos. Un mantra esencial para construir nuestro estilo propio de forma cabal. Con el éxito que resulta del sentido común.

El sentido común es ese sentido que la sabiduría popular cataloga como el menos común de los sentidos. No voy a teorizar sobre la vida, pero sí en el ámbito del estilo y de los armarios, y doy fe de que, efectivamente, es el menos común de todos los sentidos. Nos sale facilísimo analizarlo en la vida ajena: vamos por la calle y cortamos de dos a dos mil trajes por minuto criticando a cada *transeúnta* que vemos. Así, como buena parábola bíblica, no vemos la piedra en nuestro ojo, pero las motas de polvo en el ajeno las dominamos a la perfección. ¿Quién no ha pensado o incluso comentado con su compañía de paseo lo mal que le queda algo a alguien con quien se cruza por la calle? ¿Quién no ha pronunciado algo como «la gente es que parece que no tiene espejo»? Pues justamente ese es el problema: que visten ropa que les encanta, pero que no les queda bien.

Nos dejamos arrastrar como palito por la corriente cada vez que vemos que algo es tendencia o que lo llevan todas las *influencers* que seguimos. Eso ya lo consideramos razón suficiente para llevárnoslo a casa porque nos encanta, pero no analizamos la segunda parte de la frase: si nos queda o no bien. Si hay suerte y acertamos, fantástico. Pero si no, bienvenido nuevo cadáver de armario, el cual, por el peso de la culpa del gasto mal ejecutado, terminamos usándolo de manera autoimpuesta, siempre sin éxito. Arrepintiéndonos cada vez que nos lo ponemos, pero sin sentirnos capaces de deshacernos de él porque como está nuevo... Así que lo metemos con calzador, como madre coraje enchufando a su hija folclórica en un programa de televisión: que sí, que su función la cumple, pero habría quien lo haría mejor y de forma más profesional.

En los años que llevo visitando las casas de mis clientas, he llegado a la conclusión de que hay un patrón que se repite de forma bastante constante y que explica por qué no tenemos en cuenta la frase crucial: *Que te encante no significa que te quede bien.* Y es una forma muy peculiar de mirarse al espejo: solo atendiendo a lo que se quiere ver, a lo que se domina, a las partes que gustan y no suponen un conflicto mental. Por ejemplo, se prueban un traje de baño y, como el trasero no les gusta, solo se miran de frente. Y así eluden la parte de atrás. Es llevar al extremo la máxima de «lo que no se ve no existe». Es quedarse paralizada en el «me encanta». Sin el esfuerzo que supone pasar al análisis de «me queda bien o no». Porque tendemos a asociar erróneamente que si me queda mal es porque:

—Tengo que adelgazar/engordar.

—Tengo que hacer más ejercicio.

—Tengo que hacerme una operación de estética extrema y tremenda que haya visto en algún programa de televisión o en algún perfil de Instagram. Un Leticia Sabater, con abdominales de tortuga ninja incluidos.

Y así una lista cada vez más variopinta y peculiar. Cuando en realidad el único «TENGO QUE» que debería aparecer en esa lista es «conocerme más». Dominar mis proporciones y así poder sacarme partido. Tan sencillo como eso.

De ahí que tener esta frase de «que me guste no significa que me quede bien» grabada en nuestra amígdala (la del cerebro) es la mejor defensa contra esos momentos que minan nuestra seguridad de espejo. Porque puede ser, o bien que nos refugiemos, o bien que nos ciegue el «me encanta», sin mirarnos bien y con objetividad. Si realizamos compras en estas condiciones, después de haber evitado mirarnos en 360°, cuando nos lo pongamos de forma inocente y nos veamos reflejadas de refilón en un escaparate de la calle o en el espejo de un ascensor cualquiera, descubriremos que no, que no nos gusta cómo nos queda. Porque, además, en la calle todo canta el doble. Canta a modo los tres tenores y, si me apuras, alguno más. Y ahí aparece la bandera roja porque el bochorno que experimentamos por no sentirnos a gusto con lo que llevamos no nos traslada a ese momento del pasado en el que nos marcamos un «sujétame el cubata» para comprarlo sin autocriterio revisado, sino que nos lanza al abismo del trauma a través de la creencia de que nos queda mal porque no estamos en ese punto físico en el que nos gustaría estar, por ejemplo. Sin quererlo ni buscarlo, después de haber evitado encararnos con nuestra realidad, metemos a la autoestima en la fiesta. Es el momento en el que entran las churras y merinas a escena y ya tenemos el cuadro completo.

¿Es obligatorio que todo nos quede bien?
¿Es que no puedo entonces llevar lo que me dé la gana?

Que no cunda el pánico. Si me conoces desde hace tiempo, ya sabes que la filosofía *estilaria* es la de quererse mucho y actuar desde la libertad de criterio y el cariño a una misma. Pero acotar la percepción de nosotras mismas es tener una visión sesgada de nuestra imagen. Así que, aunque lo queramos enmascarar con el «estoy haciendo lo que me da la gana», en realidad estamos limitando una relación libre con nuestra propia imagen. Y ahí ya lo dejo abierto a que cada una decida cómo se trata a sí misma.

Para que algo nos quede bien y, por ende, nos haga sentir favorecidas, han de confluir diversas variantes que son los ingredientes de la pócima mágica o las partes que conforman esa varita mágica que a veces desearíamos tener porque no sabemos qué falla en nuestro *look*, porque no terminamos de sentirnos bien vestidas. Esos factores te los voy a desgranar poco a poco, para que no queden dudas, en cada uno de los siguientes capítulos. Pero este primer capítulo es la contraseña secreta de todo.

EL SECRETO DE TODO ESTO

Es importante tener claro que el silogismo de «si te queda bien y te lo llevas es por te gusta» solo funciona en una sola dirección, sin embargo, a la inversa ya te adelanto que no funciona. Si no te saca partido, por mucho que te encante, ya puedes poner todo tu empeño y apretar los ojos y darles tres golpes a tus escarpines escarlata, que no te va a quedar bien: y, por consiguiente, no te vas a sentir bien llevándolo. Esto no es que a tu pareja le encanten los gatos y a ti no, pero con el tiempo te vas encariñando del suyo y de repente ya eres la fan número 1 de los gatos. No. Si una prenda no te queda bien, terminarás por detestarla. *In crescendo*. Y en el peor y más extremo de los casos, por detestarte.

¿Cuántas prendas tienes en el armario que te encantan, pero no te quedan bien?

Estilaria, acude a tus perchas y cajones y audita las que no crucen la pasarela del éxito. Repasa con sinceridad y pon en un montoncito todo aquello que esté en ese limbo, para que puedas visualizar si has caído o no en esa trampa. Ese montoncito tiene más información que la que manejó Julian Assange. Es de vital importancia para el futuro de tu estilo propio.

En esa trampa es fácil caer. Cuando yo tenía diecisiete años me compré un pantalón amarillo de cuadros que me fascinaba. Elástico, tobillero. Perdí la cuenta de las millones de veces que me lo puse: era mi *look* favorito para todo. Lo combinaba con un polo amarillo y unas Reebok Classic blancas. Pero siendo objetivas (y de esto era yo absolutamente consciente ya en la época) el pantalón me quedaba genial SOLO POR DELANTE. Por detrás me quedaba un poco peor que fatal: no me sentaba bien en la cintura, me hacía bolsa, me estropeaba la proporción, me hacía un feo culo-carpeta. Por eso siempre los llevaba con ese polo amarillo largo, para mantener oculto el secreto de la parte trasera.

Yo lo sabía. No me engañaba mirando para otro lado. Yo adoptaba la postura modo Aquiles de «le voy a ganar la batalla a los pantalones». Pero la realidad de cómo me sentaban esos pantalones no ha cambiado con los años: ME QUEDABAN FATAL POR DETRÁS. Y eso impepinablemente fue así durante todo el tiempo en el que los usé.

SÍ, OTRA VEZ LAS REDES SOCIALES

En esta ecuación del «me encanta, pero no me queda bien», vuelven a aparecer las publicaciones en redes sociales. Ya me he referido a ellas en la introducción, pero seguirán merodeando por aquí porque son ya una extensión cerebral más. Así que mantén la lucidez mental y ten presente que, aunque te guste cómo le queda a la *influencer* X, no tiene por qué quedarte bien a ti. Claro que puedes estar pensando: «ojalá fuera tan fácil».

Te gustaría hacer clic en la pantalla y, con tus dos deditos, sacar esa prendita de ahí y, como si fueras una especie de Doraemon, trasladarla a tu armario. Como no tienes tiempo para ir de compras o no sabes qué es lo que te favorece, utilizas ese criterio ajeno para elegir la ropa: cuando en realidad lo que estás haciendo es comprar a ciegas. Es exactamente lo mismo que heredar sin cribar. Como si te dieran una bolsa con ropa de otros que tú no has elegido. Cada vez que te compras algo que has visto en otros sin analizarlo en ti, estás haciendo lo mismo: estás llenando tu armario sin tener en cuenta quién eres tú y cómo eres tú. Porque esa persona a la que copias no es tu espejo, no es tu reflejo. Y por eso, lo que ves no eres tú. Así cuando eres tú la que lleva ese *look* que viste en otras, hay un choque frontal entre lo que esperabas ver y lo que en realidad es. Porque una cosa es inspirarse y otra copiar sin criterio. Como no analizaste si lo que estabas viendo era para ti o no y te quedaste aparcada únicamente en el «me encanta»..., es probable que no te convenza el resultado.

Karl Lagerfeld afirmó que la personalidad comienza donde las comparaciones terminan. Y yo te propongo que entrenes más tu personalidad y menos el «comparadómetro». Cuando estás delante del espejo estás tú contigo misma. No hay nadie más. No invites a nadie más a esa cita privada entre tú y tú misma.

EL PRECIO QUE PAGAR

Con la edad nos vamos haciendo más exigentes todavía. Y cada vez que caemos en una compra de este tipo y llegamos a la conclusión del «no me queda bien», el coste es un poco más elevado. No me estoy refiriendo precisamente al aspecto económico. Me preocupa más el emocional. Es fácil que caigas en echarle la culpa de que algo no te queda bien al cambio que a lo largo del tiempo ha experimentado tu cuerpo: y esto mina de forma innecesaria tu autoestima. Porque que algo no te quede bien no es un fracaso. Renunciar a comprar algo por esta razón no es un fracaso. Es solo ese sentido común del que hemos hablado. No te lo lleves al drama de «mi cuerpo tal, mi edad cual». Simple y llanamente, es que no es para ti. Es tan fácil como entender que debes comprarte lo que te queda bien y te favorece. No todo lo que existe en el mundo te tiene que quedar bien. Porque no existe la ropa magnánima que funciona en todo el mundo por igual.

Te pongo un ejemplo sencillo: imagina que vives en un piso de cincuenta metros cuadrados. Con un salón pequeñito y todos sus espacios pequeñitos. Si el espacio es así, ya puedes empeñarte locamente y convertirte en un Harry Potter haciendo hechizos que un sofá de tres metros, rinconero y con *chaise longue* no quedará bien. Es que ni cabrá en ese espacio. Ni aunque lo cortes en trocitos. Así que... no tengo más que añadir, señoría.

ES SOLO ROPA

Otra de las razones por las que esto sucede es porque se nos olvida que lo que compramos es sencillamente ropa para usar, no piezas de museo. Compramos ropa, zapatos, bolsos..., cosas que necesitamos para nuestro día a día, que tienen que cumplir una función. No son objetos decorativos. Te puedes enamorar de un cuadro, de un jarrón. Te puedes enamorar incluso de una chaqueta o de unos zapatos que sean piezas únicas, que puedas coleccionar sacando a la Imelda Marcos que llevas en tu interior. Pero, con tu sentido común y con esos pies que te he pedido que se quedaran en la tierra, tienes que saber discernir lo que es decorativo de lo que es útil. Y la ropa de uso cotidiano es de todo, menos coleccionable y decorativa. Así que fuera dramas y fuera darles importancia a las cosas que no la tienen. Seamos prácticas: si es para mí, si me favorece, si me es cómodo, tendrá mi atención. Si no, fuera. Siguiente. No recales una y otra vez justo en lo que no es para ti y disfruta con libertad y alegría de todo lo que sí lo es.

¿CÓMO SABER QUE ALGO NO ES PARA TI?

Si el espejo no te da señales y no eres capaz de definir qué es lo que falla, porque a ti eso te sigue encantando, pero no entiendes por qué no lo ves funcionando al 100%, prueba a valorar si tienes que forzarte a ponértelo (tanto si se lleva como si no) porque no te sale llevarlo de manera natural. Si aunque no seas capaz de identificar en dónde está ese fallo, cuando te lo pones algo te chirría, te toca pensar y analizar: ¿por qué?, ¿qué es lo que no te encaja en esa prenda? El primero de una serie de pasos que irás viendo, uno a uno, en el libro, para convertirte en la auténtica domadora de tu armario, poner fin para siempre a las prendas rebeldes y sepultar tu manía de mirar para otro lado. Esas variantes que irás encontrando a lo largo de estas páginas no conforman ninguna ecuación extraña. Es más, te adelanto que tú misma tienes ya todos los ingredientes. Solo que están algo dispersos y tienes que aprender a mezclarlos entre sí. De la misma manera que pasa en la cocina, por mucho que tengas todos esos ingredientes por separado, si no los integras correctamente, siguiendo una receta y unas instrucciones, no vas a conseguir nada. Por algo un restaurante y un supermercado se diferencian: aunque el supermercado está lleno de ingredientes, por sí solos, sin conocimiento de uso y ejecución, poco se puede hacer. Por eso, si eliges las prendas sin dominio absoluto de la percha que las va a llevar (es decir, de ti misma), no vas a alcanzar tu estilo propio. Porque, además, según el análisis que hemos hecho de por qué no debemos comprar sin pensar y de por qué no debemos dejarnos llevar por lo que vemos en los demás, un mismo *look* nunca lucirá de la misma manera en diferentes personas.

Ahora pienso en cuando yo estudiaba en la universidad: el primer año en la residencia universitaria teníamos un *look* comodín de top de tirantes y camisa de cuellos enormes que rotaba cada jueves de habitación en habitación. No era nada del otro mundo, pero en su momento nos parecía el *look* más ideal de la historia. Y la lista de espera de su uso siempre tenía candidatas. Pues, a pesar de tratarse de dos piezas tan sencillas y neutras, sin complicación alguna, no lucían de la misma manera en todas. En cada una quedaba de una forma distinta, porque cada una le aportaba su estilo personal, cada una tenía unas proporciones distintas y los colores no funcionaban igual en todas nosotras.

De ahí que sea tan importante que te pongas delante del espejo para dominar tu percha. El espejo es la herramienta básica y fundamental que va a proporcionarte la información que necesitas para aprender qué es lo que te favorece y lo que no. Si lo sabes utilizar, será tu mejor amigo. Yo te voy a enseñar también a cómo relacionarte con él.

Quédate con el mantra. Quédate con la frase que vas a repetir una y otra vez cuando estés en la soledad del probador. O cuando estés en casa reprobando lo que te compraste. Quédate con el mantra del amor propio, de ti misma por encima de tendencias o prendas de masas. Quédate con el «que me encante no significa que me quede bien». Porque así te quedarás con lo mejor de todo, con encantarte a ti misma por encima de todas las cosas.

#NOSETEOCURRA

Luchar contra el espejo.
Lo que ves en él es lo más bonito
del universo.

2

Con estilo se nace (pero el estilo también se hace)

i eres de las que eligen el camino fácil, aquí mismo debería dar por finalizado el capítulo diciéndote que Jane Birkin solo hubo una. ¡Le dedicaron hasta un bolso! Y punto. Chimpún. Adiós, *estilaria*.

Porque, si eliges el camino fácil, formar parte del grupo de las que prefieren escuchar que tener estilo es casi una misión imposible. Te amparas en la creencia limitante de que no se puede, te dices a ti misma que se nace como se nace y no se cambia para, así, no tener que enfrentarte al proceso. Pero no, querida *estilaria*. Sobre este tema se puede profundizar y trabajar. Tener estilo no es solo algo innato, sino que también se puede entrenar. Yo te lo voy a explicar.

Es cierto que hay gente que es estilosa (a mi madre le encanta esta palabra. La utiliza para definir a la gente que va mona sin esfuerzo aparente: estilo con naturalidad), pero también es verdad que hay Cenicientas del estilo que hemos visto pasar de dramas a divas solo por obra y gracia de un buen estilista. Porque aprendiendo a elegir los colores adecuados, los cortes que nos sacan partido y, sobre todo, el tipo de combinaciones y prendas que nos representan ya se marca esa diferencia necesaria para que haya un antes y un después. Por ejemplo, vete a Google y busca a Harry Styles en 2010. O a nuestra reina Letizia, que, en el comienzo de su inicialmente principado y luego reinado, se vestía acorde a lo que se suponía que debía vestir, pero no terminaba de encajar en la imagen que teníamos de ella misma. Sí, iba guapa con aquellos trajes de Felipe Varela que le añadían décadas. Aunque, más que guapa, iba correcta. La vestían de reina. Pero no era ella misma. No nos transmitía su esencia. En cambio, ahora nos encanta cada vez que la vemos de Carolina Herrera o de las muchas firmas españolas que elige. Al margen de si llevaríamos o no lo que se pone (el gusto personal es otro asunto), sus *looks* sí la representan. La evidencia está en la seguridad que emana al llevarlos.

Del mismo modo, tú misma, sin necesidad de ser una suerte de *My Fair Lady*, puedes conseguir verte vestida con eso que llaman rollazo, si le dedicas un tiempo al espejo y si aplicas lo que vamos a ir viendo capítulo a capítulo. Porque si una no nace estilosa —o no se considera estilosa de nacimiento—, no hay ninguna letra escarlata que la obligue a quedarse así para toda la vida. Igual que de morena se puede pasar a rubia con los pasos adecuados, en esto del estilo también hay un proceso. Que, si se hace bien, tiene la misma garantía de éxito. Sin embargo, si te decides por el atajo y el camino rápido, te quedará el pelo requemado y pajizo. Un desastre. Los caminos cortos no han sido nunca la solución.

Retomo a la Jane Birkin con la que empecé este capítulo. Porque, si bien es un icono de estilo que además revolucionó una época, rompe con muchos estereotipos que asociamos al concepto de nacer con estilo o con muchos de los parámetros que se supone que ha de cumplir una persona con estilo innato:

—**El primero es el de asociar erróneamente estilo a belleza.** Como si solamente aquella que fuese muy guapa pudiese ser estilosa. Es muy típico el comentario de «claro, como es guapa…». Para empezar, Jane no era guapa de manual. Tenía cierta belleza andrógina. La suya no era una belleza de perfección. No era Brigitte Bardot. No tenía un cuerpo con curvas. No tenía una cara de muñeca ni un pelo espectacular. Pero su todo, el conjunto de ella misma, su aura, atrapaba. Y lo hacía porque la belleza es absolutamente subjetiva y la actitud es su mejor vehículo. La actitud es la que consigue que una persona sea magnética o no. La seguridad en sí misma. La belleza no es garantía de absolutamente nada si no va acompañada de actitud. Y la actitud se entrena.

—**El segundo es el *chic francés*.** Ese *allure* que solamente tienen las francesas, ese desaliñado arreglado que las caracteriza y que es una especie de santo grial del estilo. Suspiramos por ser un poquito Inès de la Fressange, por ejemplo, con ese corte de pelo siempre despeinado y sus camisetas de rayas. Pues Jane Birkin, que ligamos a ese *chic* francés (porque se casó con un francés y porque se nacionalizó francesa), es inglesa. Ella nació en Londres. O sea: que el *chic* francés también se aprende. No es exclusivo de las parisinas. No tienes que nacer con una *baguette* bajo el brazo.

No llevamos ni unos párrafos y ya hemos tirado a la basura dos de los estereotipos del estilo que ni la divina Jane Birkin cumplía. ¿Qué es entonces lo que la hacía especial? Pues nada más y nada menos que lo que de verdad significa el concepto de estilo propio: que era ella misma. Que no pretendía emular a nadie. Tenía claro lo que le gustaba, lo que la definía. Más allá de modas de la época o de lo que se suponía que había que llevar: iba siempre con su canastito de mimbre porque le gustaba y formaba ya parte de su marca personal. Piensa que Hermés diseñó el famoso Birkin para ella, y ella, aunque muy encantada con su homenaje y seguramente muy ilusionada, agradecida y emocionada (sentimientos muy en modo Lina Morgan), siguió utilizando el canastito. Que sí, que Hermés le diseña un Birkin del que hay lista de espera, pero ella sigue con su cestito. Imagino a Georgina intentando comprender las razones de cómo puede preferir un canasto a un Birkin de Hermés. Siendo fiel a su canastito, de esta forma tan sencilla se convirtió en icono de estilo: nada más y nada menos que siendo ella misma. Conociéndose mucho y comunicándolo a través de la ropa y de su físico. Quédate con esto y toma nota mental.

SER TÚ MISMA. SÉ TÚ MISMA.

Ser una misma: ahí está el truco de verdad. La auténtica ecuación del estilo propio. Y esto desmonta el mito de que con estilo se nace y no se puede ir en contra de ello. Afirmar esto evidencia que tendemos a tirar la toalla, porque el camino fácil es agarrarnos a creer que la gente estilosa nace así: con capacidad innata para que, se pongan lo que se pongan, siempre estén perfectas. Esto existe, claro. Hay gente así. Pero también existe la que demuestra que el estilo se trabaja. Es posible memorizar y practicar los trucos para sacarse partido, para entender las proporciones, para colocarse la ropa de forma adecuada. Y lo que en un primer momento requiere más esfuerzo de espejo, de probar y colocar, con la práctica se interioriza, se hace hábito y pasa a convertirse en algo tan natural como si se hubiera nacido ya con ese código. Para lograrlo, solo hace falta compromiso por tu parte y práctica de espejo.

Ese SÉ TÚ MISMA hace referencia a la actitud. Porque, sin duda, el camino en el que empieza el estilo propio parte del autoconocimiento. En todos los sentidos. Si no eres capaz de indagar en ti misma, si te resistes a apartar fantasmas de creencias autolimitantes, si no te paras a analizar y pensar para tener claro lo que te gusta y te define, si no te pones a ti por delante para dar lo mejor de ti a los demás, si te sientes incapaz de eliminar poses y disfraces priorizando siempre ser tú misma, entonces, no conseguirás llegar a tu propio estilo. Y si además evitas observar tu imagen en el espejo, nunca podrás comenzar ese camino para ponerle nombre y apellidos.

Solamente hay una protagonista en esta historia: TÚ. Solo tú en el mundo, nadie más. Por eso tienes que cogerte de la mano; algo fundamental en el camino hacia tu estilo propio. Si realmente quieres trabajar en tu estilo, tienes que trabajarte a ti. Porque para saber mirarte por fuera, sin caer en errores limitantes, tienes que saber hacerlo desde dentro. Te toca levantar las alfombras del alma debajo de las que se esconden las cositas que nos van haciendo pupa, esas que nos da pereza solucionar o que, simplemente, ignoramos para no tener que realizar el esfuerzo de atenderlas.

Hay momentos, etapas de la vida, en los que nos rompemos. Y, por mucho estilo natural que tengamos y que siempre hayamos tenido, suceden cosas que nos desconectan de nosotras mismas. Puede ser una enfermedad, una pérdida, pero puede ser también la maternidad o las maternidades encadenadas. Ser madre es absorbente. Más si lo tenemos que compaginar con ser mujer trabajadora y organizar la casa. Nos perdemos porque perdemos el foco en nosotras mismas porque nuestro cuidado (a todos los niveles) lo relegamos al último puesto de la lista.

Sea lo que sea lo que motive esa desconexión contigo misma (la causa no importa, ya que, aunque simplemente hayamos encadenado etapas de apatía, tener que volver a reconectar puede producir una pereza extrema, tanto como levantar una piedra gigante), la realidad es que el tiempo se congela. Aparcas a tu yo exterior en algún punto en el que se pierde esa conexión y no vuelves a prestarle atención hasta que de repente un día todo pasa, el ciclo en el que estabas inmersa termina y vuelves a encontrarte por casualidad en el espejo o a ponerte de forma consciente delante del armario, y te das cuenta de que lo que tienes no es más que ropa de pura supervivencia: básicamente para no salir desnuda a la calle. Tanto es así que si te dejaran montarías una pira en tu habitación. Sin embargo, en lugar de hundirte y castigarte porque crees que ya no eres lo que eras, abrázate. Cógete de la mano y acompáñate a encontrarte de nuevo en esta etapa.

Aunque hayas sido siempre la persona con más estilo de la Tierra, es perfectamente posible pasar por una etapa como esta. Yo misma la he vivido. En esos dos años en los que encadené dos abortos después de haber tenido a mi hijo, yo seguí adelante convencida que todo estaba como siempre. Sin embargo, fue mi imagen personal la que me dio la voz de alarma. Me la dio a mí y se la dio a mi madre, que vino a verme unos días y después de dar más vueltas a mi alrededor que un gato a un cesto de ovillos, me dijo «¿tú no te vas a quitar ya nunca más los *leggings*?». Una frase que hizo ese clic que nos despierta de los letargos en los que nos metemos por la circunstancia que sea y me devolvió la consciencia de armario. Lo suficiente para que yo me autocogiese de la mano y me dijese a mí misma en modo Mari Trini, con esa cara digna y desafiante que la caracterizaba: «Esa no soy yo». Para después sacar a la Marta Sánchez que llevo dentro para volver a decir (coreografía incluida): «Soy yo, la que sigue aquí». El golpe en la mesa que me hacía falta. El empujón para volver a recuperar el estilo propio y disfrutar de nuevo de mi imagen personal.

CÓMO ES EL ESTILO PROPIO

Como el NO siempre resulta más sencillo y atractivo, podemos definir el estilo propio partiendo desde la negación, desde aquello de lo que no depende el estilo propio. Tendemos a refugiarnos en conceptos que no influyen en el camino de la búsqueda del estilo. Les otorgamos un poder que no tienen y nos sirven de parapeto para excusarnos delante del espejo, para justificar por qué la imagen que vemos no nos convence, en lugar de cogernos de la mano y ponernos las pilas.

¿Te atrapa alguno de estos bucles? Toma nota del listado de los NOES para que así no los puedas utilizar de excusa:

—**El presupuesto:** tener estilo no es cosa de ricas. Mira a las hermanas de Cenicienta (Cenicienta, nuestro referente *estilario*). Ellas no escatimaban en exclusividad de los modelitos ni en costureras a domicilio. Pero si una persona no se conoce a sí misma, no podrá sacarse partido. Por muchos oropeles de los que se vista. Así que olvida esta disculpa porque llenarte de logos y cosas caras no es en absoluto sinónimo de estilo. ¿Cuántas veces te has escuchado a ti misma diciendo: «con la pasta que tiene y la pinta que lleva»? Se puede ir ideal y con estilazo con ropa de segunda mano o de mercadillo. Mi amiga Sara es la reina de la segunda mano y de los mercadillos. Una prenda de cinco euros ya le parece cara, porque por dos euros encuentra maravillas que sabe cómo encajar en su armario con *looks* resultones, especiales y llenos de personalidad. Ella se planta en el desfile de Dior con un vestido de hace treinta años, maravilloso y que consiguió por menos de diez euros. Y todos la paran para preguntarle de dónde es esa maravilla. Recuerda lo que siempre digo: lo que importa es la percha.

—**El peso:** ojo que aquí os encanta regodearos, encallar y quedaros atrapadas en bucle con los estándares de las tallas. Es cierto que para tallas como la 38 o 40 hay muchas más opciones de tiendas y marcas que para una 32 o para una 48. Pero eso solo reduce el abanico de posibilidades que elegir. En ningún caso significa que porque tengas una u otra talla tendrás o no estilo. Me reitero en lo que acabo de afirmar en el punto de arriba: se trata de conocerse y de sacarse partido. ¿Cuántos cuerpos de tallas comunes hay que van hechos un desastrito? Un, dos, tres: responda otra vez.

—**La belleza:** ya he puesto el ejemplo de Jane Birkin. Ser guapa no es sinónimo de estilo. La belleza es subjetiva y lo que de verdad eleva a una persona a la categoría de guapa es la suma de muchas otras cosas. Entre ellas, la actitud.

—**La edad:** cuando se pasan los cuarenta, se entra en el bucle de «me he hecho mayor». Se cae en la creencia de que ya no se tiene estilo porque solo las jovencitas pueden ir monas. O de que, como el cuerpo cambia, ya es *Apocalipsis Now*.

O peor aún: el error de que hay que renunciar a lo que siempre nos ha gustado porque, como una ya tiene una edad, ya no se pueden llevar según qué cosas. ¿Tú has visto a Jennifer López? Cincuenta y cuatro años tiene. CINCUENTA Y CUATRO AÑOS. Y ahora, como buena excusadora, dirás: «Claro, con ese cuerpo es muy fácil» o «claro, si yo tuviera su tiempo y su dinero», etc. Pues ella tiene lo que se trabaja (del cielo no le ha caído: te recomiendo que veas su documental *Halftime*). Pero, sobre todo, tiene lo único que te está diferenciando de ella. Y no es ni su cuerpo, ni su fama, ni su dinero, ni su energía, ni su marido. Es su actitud. Otra vez la actitud. Que ni se compra ni se vende. Así que abre los cajones de tu alma, sácala y dale brillo, *estilaria*.

El estilo es para siempre, aunque lo podamos ir cambiando a lo largo de nuestra vida, al igual que cambian nuestras circunstancias personales y profesionales. Eso es lo bonito y lo realmente útil del estilo. Que no hablamos de tendencias, ni de moda: ambas son solo las herramientas para materializar nuestro estilo. Pero descubrir el estilo propio es poderoso porque es nuestra hoja de ruta. Es nuestro espejo del alma. Es la mano que nos tendemos desde fuera hacia dentro. Es ese empujón diario para seguir en contacto con nosotras mismas, mimándonos y cuidándonos. Por eso tienes que empezar por ahí, por conocerte, por entender quién eres y qué quieres comunicar: sin esto, solo harás un trabajo de estilismo impersonal, como si vistieras a un maniquí o como si se tratara de un disfraz. Pero en ningún caso será tu esencia, tu rúbrica. Esa es la diferencia entre comprar un pez y aprender a pescar: que alguien te diga qué tienes que ponerte o que tú aprendas a reconocer lo que te favorece y va contigo.

Todo lo demás que perfila y culmina la pirámide del estilo (colocar las prendas, elegir los complementos adecuados, conocer tus colores...) se puede aprender. Son sencillamente aprendizajes, hábitos. Pero de nada va a servir que memorices todos esos trucos si no tienes clara tu base. Si no tienes preparado el árbol de Navidad, será absurdo tener tantos abalorios y adornos.

LO QUE NO ES EL ESTILO PROPIO

Si una falsa creencia es la de que «con estilo se nace», o que «el estilo es solo que te digan qué tienes que ponerte para ir mona», otra errónea también es la de que «el estilo propio se acaba convirtiendo en ir vestida siempre igual». Claro que se puede llegar a esto, por supuesto. Si tú lo decides y es tu objetivo, sí. El riesgo es que hagas las cosas sin el orden adecuado del que hemos hablado (con autoconocimiento desde dentro hacia fuera y con una idea clara de lo que te define y lo que no), porque te acabarás refugiando en conjuntos que sabes que funcionan, pero no explorarás más opciones, ni improvisarás más looks con lo mismo que tienes en el armario, exprimiendo las posibilidades hasta infinito. Porque la diferencia está en la forma en la que decidas esos looks y elijas la ropa del armario. No es lo mismo seguir una misma línea de tipo de prendas que son las que comunican tu estilo propio y hacerlo de forma consciente, sintiéndote reflejada en lo que llevas, que tener la sensación de estar atrapada en la misma ropa que repites porque no eres capaz de verte con cualquier otra. Te compras siempre lo mismo porque no sabes ni qué te gusta, ni qué te queda bien, ni qué elegir porque cuando lo haces tienes la sensación de haberte equivocado. Porque no sabes por dónde empezar ese cambio. Ponerte ropa bonita o ropa que se lleva sin tener clara la percha que la lleva (o sea, tú) no será más que un parche. Una máscara. Y no te descubro la pólvora si te digo lo que pasa con las máscaras: que se caen... y dejan las vergüenzas al descubierto.

DÓNDE ENCONTRAR TU ESTILO PROPIO

¿Sabes en dónde no vas a encontrar tu estilo propio? En los otros. Porque si todavía tu criterio de estilo está algo verde, todas esas capturas de pantalla que estás guardando no van a clarificarte nada. Al contrario, te van a liar aún más. De los otros, de gente que te gusta, tomarás ideas, te fijarás en qué recursos utilizan vistiendo.

47

Pero el estilo propio no se genera ni por copia ni por imitación. ¿Has visto la película *La mano que mece la cuna*? Esa peli en la que Rebecca de Mornay se convierte en una siniestra niñera (¡ojo, *spoiler*!, por si no las has visto, aunque ya es una película más vieja que un bosque, de 1992) cuya obsesión es ir copiando a la madre del bebé al que cuida para terminar mutando en ella y así apropiarse de su personalidad y de su vida. A ver, que sé que tampoco te vas a convertir en una psicópata de *influencers* (quiero pensar que efectivamente NO lo vas a hacer…), pero con este ejemplo quiero que, cuando vayas a caer en el arrebato de comprarte algo solo porque se lo has visto a la *influencer* «tal», primero pienses y analices si efectivamente va contigo o te estás marcando un niñera siniestra. Porque pararse a pensar, que parece tan básico y absurdo, es la clave de todo. Hacerlo es lo que te abre la puerta a experimentar en tus propias carnes eso de que «el estilo también se hace».

Para controlar esos afanes copiones, en ese proceso de definir nuestro propio estilo y de crear esa hoja de ruta por la que se va a guiar nuestro armario y nuestras compras, recomiendo tener un tablero Pinterest. Crea uno específico y ponle un nombre clarificador. Llámale «mi yo *estilario*» o llámale «deja de comprar cosas sin sentido, Antonia». ¿Por qué un tablero en Pinterest? Porque en Pinterest todo nos parece precioso y se nos antojan todos los escenarios de mundo y todos los *looks* del mundo: tanto nos visualizamos en un castillo en Balmoral con un Barbour y unas Hunter, como de repente en medio de Nueva York con un pijama, una boina de lentejuelas y un abrigo de pelo emulando a una suerte de Carrie Bradshaw corriendo en fin de año por Chinatown. Y si bien le damos a guardar de forma indiscriminada a todas esas fotos que nos parecen bonitas sin más, luego podemos (y debemos) repasar lo guardado en esa carpeta para analizarlo en perspectiva comprobando si efectivamente concuerda con nosotros o no: si nos lo pondríamos o no. Esa carpeta no es para que tengas cosas que te alegren la vista. Esas fotos las dejas en otra, en la carpeta de «*looks* que me encantan, pero no me voy a poner en mi vida». La carpeta *estilaria* es para encaminarte en tu búsqueda del estilo, para ayudarte con él. Así que empieza por eliminar todos aquellos *looks* que no tienen cabida en tu estilo de vida diario y pásalos a la de «*looks* que me encantan, pero no me voy a poner en mi vida».

Una vez que hayas depurado el contenido de tu carpeta *estilaria*, que hayas exiliado a la carpeta de «looks que me encantan, pero no me voy a poner en mi vida» todos los que no conectan con la realidad de tu estilo de vida, entonces empieza a analizar los que sí te has quedado. Coge papel y lápiz para extraer los elementos comunes a todas, los cuales se podrían convertir en tu *leitmotiv* de armario: quizás sea la gama de color (más neutra o colorista), quizás sea el aire más casual y relajado o más sofisticado, quizás sea el concepto más minimalista o atrevido...

Así, con esa lista en la mano, ya podrás aplicarla a tu estilo. Y delante de tu armario tendrás que conectar mentalmente su contenido, lo que tienes tú en tus perchas, con esas mujeres que estás viendo en las fotos de tu carpeta. Intenta imaginar si ellas podrían vestirse con tu ropa o no. El ejercicio, si te fijas, es a la inversa: no tienes que imaginarte tú en sus vidas. Sino a ellas en tu armario: ¿se pondrían lo que tienes? De esa respuesta, saldrá también la necesidad o no de ponerte manos a la obra para refrescar tu estilo. Para el temido cribado de armario que veremos un poco más adelante.

¿TÚ QUIÉN ERES?

Otro ejercicio que me gusta mucho hacer en la búsqueda del estilo propio y que suele funcionar muy bien es el de visualizarse. Con esto me refiero a que tendemos a considerar lo nuestro como poco especial. Esto pasa en todos los ámbitos de la vida: si algo te sale de forma natural, no lo defiendes lo suficiente porque crees que es poco especial. Parece que si no nos cuesta la misma vida, no vale. Y con el estilo pasa igual. Te pongo un ejemplo:

A mí de forma natural me sale vestirme muy correcta. Muy neutra, clásica, muy *old money*. Si vamos a ponerle nombres propios, sería muy Victoria Beckham. Da igual lo que me ponga, por mucho que lo quiera deconstruir siempre acabo colocándolo en la forma correcta. Pues bien, a mí quien me gusta es Sienna Miller. Ese rollo desaliñado, ese toque *grunge*, ese pelo peinado-despeinado, esos botines *punk* con vestidos…, me encanta. Sí. Pero es que, aunque me ponga en modo Sienna Miller y copie un *look* de ella enterito, acabo siendo más una suerte de Victoria Miller. O Sienna Beckham. Vamos, que se nota que de forma natural no me ha salido. Que voy disfrazada. Porque yo soy más de Balmoral que de California. Forzar lo inverso es disfrazarse. Y si esto sucede, entonces la conexión con el estilo propio tiene interferencias incómodas.

Este ejemplo es simplemente para que entiendas por qué no hay que luchar contra lo que te sale de forma inconsciente. Contra lo que te define y te hace sentir cómoda. Y con esto, no te estoy pidiendo en absoluto que te vistas con el piloto automático de la zona de confort y de las tres cosas que sabes que te van bien, para que así no tengas que pensar. Pero sí que, si eres una Carolina Herrera o una Tamara Falcó o quien te salga a ti de forma natural visualizándote en tu mente (ya te veo venir: esto no va ni de copiar ni de creerse nadie, solo es el concepto), no luches por convertirte en Sienna Miller o en Alaska o en el estilo de esa persona que admiras, pero que no va contigo. Deja de ser un salmón del estilo y dedícate a fluir por las aguas tranquilas.

¿Y SI HE PERDIDO EL ESTILO?

El estilo no se pierde. El estilo se queda en pausa. Se congela, se criogeniza, pero se reactiva en cuanto empiezas a prestarle atención de nuevo.

Cuando se tiene esa sensación de haber perdido el estilo, suele haber una causa. Una causa que, por supuesto, no es en absoluto indicativo de nada que tenga que ver con que de verdad hayas perdido el estilo y, mucho menos, con que no lo vayas a recuperar. Porque esas desconexiones con nuestra imagen exterior son la manifestación de que algo está pasando dentro de ti. Probablemente, estés viviendo cambios físicos o no te sientas bien con tu vida. Quizás estés quemada en tu trabajo. O tu vida familiar no sea como habías soñado. O, simplemente, te sientes así y punto. No es necesario que haya una razón. Pero escúchate. Porque arribar a ese puerto te está hablando desde el otro lado de ti misma. Y te está hablando a gritos, aunque no te puedas escuchar. Hacer ese ejercicio de volver a reencontrarte con tu imagen es el primero de esos pasos para sentirte mejor. Que no es que sea la magia solucionadora de los problemas del mundo. Tampoco vamos a pedir peras al olmo. Sin embargo, con ese primer paso, te volverás a dar la mano y volverás a encontrarte con esa YO que está escondida ahí dentro y que tiene que salir. Así que, en lugar de percibir como una derrota o un fracaso el hecho de sentirte perdida con tu armario, tu estilo y tu espejo, alégrate porque es la señal de que estás preparada para salir del letargo, para enfrentarte a lo que te llevó a ese estado y volver a recuperar a la reina que siempre has sido.

#NOSETEOCURRA

Esconderte del traje de baño.
Eres como eres
y eres estupenda.

3

De formas y colores

Estilaria: remángate porque se acabaron ya los paños calientes. Es hora de empezar a trabajar en serio. Vamos a profundizar en tu armario. Si en algún momento te ha pasado que no terminas de verte favorecida con una prenda o con un *look* y no has sido capaz de entender por qué si en tu cabeza funcionaba de maravilla, has de saber que hay una explicación para ello. Aunque no sepas localizar exactamente cuál es el fallo, intuyes que, por lo que sea, no te queda bien. Una de esas razones suele ser que el color no es el más adecuado para ti. Que no te queda bien. Que te hace cara de pollo o color de lechuga mustia. En el caso de que el color no sea el motivo, otra razón puede ser que, a causa del efecto de oír campanas y no saber dónde, te hayas puesto algo que has asumido que favorece un montón de forma generalizada, pero tú no te sientes cómoda con ello. Te ves rara, hay algo que no termina de encajar contigo. Aquí entra en juego también la importancia de las proporciones de tu cuerpo, ya que, si no conoces las piezas que lo componen, difícil va a ser armar el puzle.

LAS FORMAS: TUS PROPORCIONES

Quizás si lees esto de la importancia de las proporciones de tu cuerpo no sientas que cambie nada en tu interior. Vamos, que te quedas como estabas o, peor aún, con más lío si cabe. Pero si, en cambio, añado a esa afirmación las categorías más estandarizadas y popularizadas de cuerpo pera y cuerpo manzana, seguramente ya vayas entendiendo a qué me refiero y por dónde van a ir los tiros.

Primerito, primerito de nada: no te avergüences jamás de tu cuerpo. Vamos a empezar por ahí para despojarnos de tonterías y disfrutar de analizarnos con la libertad y la felicidad de querer y amar nuestra percha, nuestra herramienta de trabajo. No es un ejercicio para buscarse defectos, ni para lamentarse de lo que hubo, ni de lo que falta. Es un ejercicio para que conozcas los mimbres con los que vas a trabajar.

La morfología sirve para identificar el tipo de cuerpo de cada una con el objetivo de elegir las prendas que resalten tus puntos fuertes y releguen a un segundo plano los que te causan inseguridad. Y esa teoría de la morfología responde a la definición de unos estándares como el de cuerpo pera o manzana, pero también de reloj de arena o de triángulo invertido, por ejemplo, que sirven para dar forma visual al conjunto de las proporciones de cada persona. Una especie de esquema general del cuerpo muy útil para estandarizar siluetas y que da alguna pista sobre las proporciones de este. Algo así como un catálogo de cuerpos.

Si bien es útil para esquematizar y ayudar a que puedas visualizarte en alguno de ellos, a mí me gusta más hablar de proporciones como tal más que de morfología. No me gustan las etiquetas de ningún tipo, ni siquiera esas. No me interesa que te cuelgues el cartel de «soy una chica manzana» porque tienes barriga y esa zona redondeada. Porque, como sucede con todas las etiquetas, focalizarás únicamente en tu barriga y es probable que te olvides de otras partes de tu cuerpo que merecen ser resaltadas, como tus hombros o tus piernas, por ejemplo. Y ya sabemos lo que pasa cuando nos centramos en exceso en algo: que lo convertimos en la piedra en la que tropezar sin parar. Terminarás viendo eso y nada más que eso. Hasta el punto de llegar a frustrarte porque toda la ropa en la que te fijas precisamente es la que resalta aquello que te da más inseguridad. Esto no va de ocultar. No hay nada que ocultar porque no hay nada de qué avergonzarse. Se trata de saber lo que hay, todo lo que eres. Para abrazarlo y vestirlo con todo el amor y el buen gusto que se merece. Conocer todo tu cuerpo te hace poderosa. Te da la llave y la clave para poder disfrutar de él y para poder poner la ropa a tu servicio.

La morfología y, sobre todo, el estudio de tus proporciones te van a servir para sentirte libre y para ser tú la que domina la ropa y no al revés. Porque no pones en la ropa las esperanzas de que algo funcione o cambie. No. Eres tú la que elige de entre todas las opciones la que de verdad te va a quedar bien a ti y te va a sacar partido. Sirve también para que entiendas que no hay un cuerpo normativo. No te ampares más en la disculpa de si tienes o no un cuerpo considerado estándar con el típico: «Claro, es que no tengo un cuerpo normativo». No hay cuerpos normativos. Es cierto que la industria de la moda ofrece más opciones en tallas como la 38 o la 40. Pero que haya menos opciones a la venta (en España, porque en Estados Unidos, por ejemplo, el tallaje es mucho más amplio) en una talla 48 no significa que se tenga un cuerpo difícil de vestir o que haya que renunciar al estilo propio. El estilo no tiene nunca nada que ver con la talla.

No hay un estándar. No hay estereotipos. Olvídate de compararte y de escudarte en disculpas que encadenan el estilo al peso. El único estereotipo que te ha de importar es el tuyo. Así que trabaja contigo misma, con tu espejo. Esa es la razón por la que evito centrarme en estándares de morfología y me gusta más hablar de proporciones.

Esas proporciones debes conocerlas y analizarlas. Y ¿adivinas en dónde puedes ver tus proporciones?: sí, exactamente ahí, en tu espejo. ¡Bingo, *estilaria*! El espejo es esencial para conocer y entender cómo es nuestro cuerpo. Tanto que has de ser capaz de visualizarlo mentalmente con los ojos cerrados y lograr la visión externa de tu persona. Has de poder salir de tu cuerpo, marcarte un *Ghost* de ti misma y verte desde fuera. ¿Y esto para qué sirve? Para permitirte tener un maniquí mental de tu cuerpo y así poder visualizar en ti misma los *looks* que te gustan o te inspiran y saber si van a funcionar o no en ti. Por lo que el margen de error de la compra *online*, por ejemplo, será mucho menor. Y, además, así sabrás si tienen cabida en ti las ideas de *looks* que pasen por tu imaginación antes de probártelos.

Para hacerlo bien, tienes que ponerte delante del espejo y empezar a analizar tu cuerpo. Y lo más fácil es que hagas ese recorrido desde la punta del pelo hasta las puntas de los pies. Todo eso es tuyo. No eres solo una barriga, una papada o un culo.

Hay un ejercicio que me encanta para este proceso de mirarse en el espejo y empezar a analizarse. Yo lo llamo el ejercicio Frankenstein. Lo llamo así porque, si recuerdas, el personaje estaba construido a base de retalitos de otras personas. Y no es que yo quiera que te pongas a pedirle a los Reyes Magos nuevos pedacitos para ti. No. Lo que quiero es que despojes a tu alma de todas las autocríticas que se te ocurran al ir repasando cada parte de tu cuerpo. Que las analices como si no fueran tuyas para que así seas lo más objetiva posible y puedas entenderlas bien. Trozo a trozo para llegar a entender el todo, liberándote de autocastigos y creencias limitantes.

Y vente muy arriba. Arribísima. Que las tarimas de las discotecas de Ibiza se te queden cortas. Una Lady Gaga en la SuperBowl. Porque, aunque te parezca una tontería, cuanto más bailes y cantes delante del espejo, más le irás dando la mano a tu reflejo. Y se trata precisamente de eso, de que seáis íntimas amigas. Las mejores del planeta.

CÓMO ENTENDER LAS PROPORCIONES

El espejo es la herramienta fundamental. Pero a veces cuesta interpretar lo que se ve en él. Así que para que puedas hacer el análisis correcto de las proporciones mirándote desde fuera, es un buen truco que te hagas una foto delante del espejo, mientras te miras en él.

Como lo habitual es que las fotos den pavor, esa foto puedes hacerla tapándote la cara con el móvil o directamente recortando, sin que se te vea el rostro (porque, además, es más fácil ser realista con una misma cuando no somos conscientes de que es una misma la que sale en la foto). Esto no es un examen de fotogenia, así que poco importa cómo hayas salido en la foto. Ni si tienes papada o la flaccidez galopante te acecha a tus cuarenta. ¡Cuánto nos quejamos de la cara de bollo de nuestros veinte y cuánto añoramos ese colágeno a los cincuenta! No te quedes ahí varada porque ese tema no es el que tienes que estudiar. A lo que sí debes prestar atención es a no inclinar el móvil porque entonces sale la figura rara y, precisamente, esto va de analizar tus proporciones reales. Pero la cara te la puedes tapar o recortar para evitar que te quedes atascada en si sales bien o mal en esa foto. O en el «hay que ver lo mayor que estoy». Tu fotogenia no influye en absoluto en el resultado del análisis de tus proporciones.

¿Por qué te digo que te hagas una foto para analizar tus proporciones? Porque si no estás acostumbrada a mirarte al espejo, te va a parecer demasiado abstracto intentar adivinar esas proporciones interpretando lo que ves en el reflejo. Sin embargo, en una foto puedes coger un rotulador y una regla y empezar a trazar líneas. La geometría nunca falla: al dibujar líneas desde tus hombros a tu cadera, por ejemplo, obtendrás información sobre tu estructura corporal: si eres más o menos ancha de espalda con respecto a tu cadera y viceversa. Esta proporción y su equilibrio son lo primero y más importante que has de tener en cuenta. Porque lo que tienes que analizar, precisamente, es si existe un equilibrio visual o no.

Si nunca lo has hecho, esta es la manera perfecta para estudiar tus proporciones delante del espejo. Con esas líneas además puedes descubrir qué partes son las que tienen más peso visual. ¿Qué es el peso visual? Pues es la parte o partes de tu cuerpo que acaparan atención sobre las demás. Si no hay ninguna en especial, porque todas están al mismo nivel (ninguna destaca sobre las demás), entonces tienes una proporción equilibrada. Da igual tu talla (no hablamos de tallas nunca; son proporciones) o tu estatura (se puede ser muy alta o muy bajita y ser proporcionada). Si alguna destaca sobre las demás, entonces tendrás que conseguir equilibrarla con el resto a través de la ropa. Toma nota del recorrido ideal que tienes que hacer con tus ojos sobre tu cuerpo para que entiendas esas proporciones y eso del equilibrio visual:

—**Los hombros:** cómo son respecto a tu pecho, a tu cadera, ¿estrechos o anchos? (Si dibujas una línea recta desde la cara exterior del hombro y la cadera, ¿cómo son?, ¿más estrechos o más anchos?). ¿Los tienes caídos (si los bolsos de colgar al hombro son para ti lo más incómodo del mundo) o rectos (si los ves demasiado marcados)?

—**El pecho:** ¿es pequeño con respecto a tu espalda, grande o equilibrado?

—**La cintura:** ¿tienes cintura o no tienes cintura? En el caso de que no tengas, ¿cuál es el motivo?, ¿es porque eres recta, porque tienes flancos o porque tienes una barriga que sale del ombligo o desde debajo del pecho? ¿Tu barriga es blandita, o es dura como la de un embarazo?

—**La cadera:** ¿es ancha con respecto a tus hombros porque tiene más presencia que estos? ¿Es recta y estrecha? ¿Los muslos sobresalen de la línea de la braguita? ¿Tienes cartucheras? ¿Tu culo es respingón, plano y escurrido o redondo y equilibrado con la cadera?

—**Tus brazos:** ¿son musculados, delgados, gruesos o blandos?

—**Tus piernas:** ¿son largas, son gorditas?, ¿son cortas porque tienes menos espacio entre rodilla y tobillo que entre rodilla e ingle?, ¿son muy delgadas?, ¿son más delgadas abajo que arriba?, ¿tienes el tobillo grueso o fino?

—**Tus pies:** ¿tienes un pie grande o un pie grande comparado con tu estatura?, ¿tienes el pie muy pequeño?, ¿lo tienes fino o ancho?, ¿tienes mucho puente o lo tienes, en cambio, plano?

De toda esta lista, sales tú. Con tus proporciones. Esas proporciones que no debes eludir y que debes dejar de ver como un error de tu sistema. Porque cuando eres consciente de ellas y de su existencia empiezas a elegir mejor la ropa y, sobre todo, a colocarla mejor.

Porque empiezas a dar prioridad y a resaltar tus partes bonitas en lugar de focalizarte en las que no te gustan. Empiezas a perder el miedo a mirarte y a enseñar lo que eres.

No te tapes. Se trata de que te vistas. Porque conociéndote y respetándote será más sencillo que empieces a disfrutar de comprar. Poco, quizás incluso menos, pero mejor. Sabiendo cuál es el objetivo.

Con esto, además, podrás centrarte en algo esencial y tatuártelo para que no se te olvide cuando te pongas a navegar por Instagram y veas otros perfiles: no es que haya gente a la que le quede todo bien, es que esa gente solo se pone lo que le queda bien.

EL EQUILIBRIO ENTRE PRENDAS

Una vez que hayas comprendido cuáles son tus proporciones y que conozcas ya las piezas que componen tu puzle, entonces toca pasar al trabajo con la ropa. Toca aprender a elegir las prendas idóneas para ti. Las que equilibren tus proporciones para lograr esa armonía óptica: hete aquí el objetivo.

Seguramente hayas leído por ahí algo sobre la regla general que dicta que, si la parte de arriba va ceñida, la de abajo tiene que ir floja. O que dos partes ceñidas o dos anchas no quedan bien. El argumento que suele esgrimirse para justificar la de las dos prendas ceñidas es que queda a medio camino entre choni y macarra, y la explicación que hay detrás de la de las dos flojas es que lo asociamos a moderna vestida con un aire pelín saco, como vestiría una galerista de *Museo Coconut*. Pero, como en todo en esta vida, existe el término medio y no siempre es así. Es verdad que podemos usar esto como guía de principiante. Sin embargo, la respuesta verdadera está solo y únicamente en probar y probar. No hay un evangelio indiscutible al respecto.

Las dudas que te carcomen, y a las que seguramente te cueste más encontrar solución, surgen cuando empiezas a probar ropa más allá de tu costumbre habitual de armario porque ya te atreves a elegir nuevas prendas con nuevos cortes y estilos. Esto suele suscitar montones de dudas sobre si nos quedará bien o no. Pero piensa que, generalmente, esas dudas se generan al salir de aquello que estás acostumbrada a replicar. No es que te quede mal. Es que te sientes diferente y rara. Cuando hago las asesorías con mis clientas nuevas, aquellas que se ponen por primera vez en mis manos suelen pensar «pero qué me está recomendando esta loca y cómo pretende que salga así vestida a la calle». Imagínate: estás acostumbrada a llevar un pitillo y un jersey de cuello vuelto fino, puesto por fuera. Todo en modo soso y aburrido. Eres consciente de que es soso y aburrido y lo detestas por la misma razón. Y te has puesto en mis manos porque precisamente quieres huir de eso y de seguir llevando ese combo tan anodino. Pero claro, pasar de ahí a recorrer el Juego de la Oca entero y saltar directamente y sin transiciones al *culotte* con jersey metido un poquito por dentro en la parte central a veces cuesta y escuece. Eso sí, te fías de mí, pruebas y resulta que descubres que te encanta. Porque has jugado con el equilibrio de prendas adaptadas al puzle de tus proporciones. Y esas apuestas son ganadoras: son las que te llevan a la meta del estilo propio.

LOS BLOQUEOS

Esto de jugar con la ropa y las proporciones exige que seas libre. Que te sientas libre. Así que las etiquetas te las arrancas ya de una vez por todas. Con el equilibrio entre prendas y el dominio de las proporciones te puedes despojar de cátedras que se han dado por sentadas y que no son tal, como las siguientes:

—**Las alpargatas de cintas o zapatos con tiras al tobillo no valen para bajitas**: error. No es una cuestión de estatura. Es una cuestión de proporciones. Si tu pierna es proporcionada, tu estatura no es limitación alguna. Sin embargo, si tienes la pierna corta con respecto a tu cuerpo, da igual que seas Fernando Romay, porque lo que importa es la proporción de tu pierna con respecto a tu cuerpo.

—**Si estoy gordita, no puedo llevar un vestido entallado.** Otro error. Tener curvas es fantástico para lucir un vestido entallado o quizás estés muy delgada, pero seas muy ancha de espalda y muy estrecha de cadera y un vestido entallado no sea lo que más te favorece. Así que no hablamos de peso. De nuevo, hablamos de proporciones.

—**Si tengo barriga, tengo que llevarlo todo flojo.** Primero observa cómo es tu barriga, de dónde sale (desde arriba, desde los laterales, si tiene corte de cesárea), y luego mírate bien. Porque a veces nos imaginamos que tenemos la barriga del chef Gustoff y no es tanta, pero de tanto focalizar en ella le hemos otorgado el tamaño mental de Argentina. Así que quizás no sea necesario que te vistas con un camisón de fantasma de castillo para que no se te vea. Y hay trucos como el del *medioqué* (a lo que yo llamo meter la prenda superior un poquito por dentro en la parte central y el resto por fuera) que pueden ayudarte a verticalizar y estilizar, o como el de apostar por un escote en pico, que te puede servir para alargar visualmente tu figura, al despejar la zona del pecho.

—**Con tobillos gruesos no se pueden llevar zapatos con cierre de hebilla estilo mercedita o similar.** Otro error. Es que generalizar nunca ha traído nada bueno. Porque hay muchos tipos de pulsera. Y tienes que buscar la que es alta en el hueso del tobillo en lugar de la que queda pegadita al empeine. Porque esa estrangula el tobillo y justo marca su inicio y presencia. Sin embargo, la otra lo corta visualmente. Lo mismo pasa con las alpargatas de cintas. Recuerda también pequeños trucos como elegir el calzado o las tiras en color similar a la piel: así queda todo integrado ópticamente y estiliza más.

—**Con la cadera ancha, se dice que siempre pitillo con prendas superiores flojas y por fuera.** Pues no. Porque si tu muslo y cadera son anchos, los puedes equilibrar muy bien con pantalones rectos que no marcan el muslo y, por tanto, difuminan los volúmenes.

Y así hasta infinito. Quítate de la cabeza verdades absolutas porque en esto del vestir no existe nada que se pueda dar por sentado. Y mucho menos si quien lo da por sentado es fulanita de tal, que te lo dice como si fuera ella ahora la médium de *Ghost* hablando en boca de Balenciaga y como si estuviera en posesión de un inmenso conocimiento del patronaje y del cuerpo de la mujer. Olvídate de límites derivados de mirarte al espejo por partes, en lugar de como a un todo, los cuales no te permiten ser consciente de tu belleza única para así exprimirla. Los bloqueos y las etiquetas se rompen únicamente probando y comparando delante del espejo para entender por qué con unas cosas te ves mejor que con otras. Y atreviéndote a ponerte una falda entubada o un pantalón tobillero aunque creas que no es para ti: porque resulta que un día pruebas el idóneo, te miras en conjunto y descubres que sí lo era.

SI ALGO FALLA, SUELE SER LA TALLA

Podría afirmar que es empíricamente demostrable que la mayor parte de las veces que no eres capaz de verte bien con algo que se supone que es de tu estilo, de tu color, de tu rollo y de todos los todos es porque la talla no está bien elegida. Algo tan sencillo como eso puede estropear el resultado visual del *look*.

Probablemente, si te tuviera delante, vería tu cara de «qué está diciendo esta muchacha, ¿cómo no voy a saber mi talla?». Pues por mi experiencia soy consciente de que elegir de forma errónea la talla es más habitual de lo que parece. Porque el problema viene derivado de que nos fiamos del número y compramos el número. Pero esto no es la lotería. No tienes que ser fiel a un número por los siglos de los siglos. Porque cada marca tiene unos parámetros y porque los estándares de talla cada vez están más descontrolados. Por eso, elige las prendas que encajen en tus proporciones. Aunque en tu armario haya un crisol de numeritos.

Pero la historia no termina aquí. Porque recuerda que hemos hablado de proporciones. Así que hay ocasiones en las que la prenda no soluciona todas nuestras necesidades. Nos viene bien de ancho, pero no de largo, por ejemplo. Entonces tenemos que ajustar la talla. Para eso están los arreglos, las *retoucheries* o las costureras de toda la vida. Arregla las mangas o los bajos que te queden largos (no hay cosa que más deforme visualmente un *look* que una manga excesivamente larga), las cinturas, si no se ajustan, etc. Todo lo que no quede en el punto exacto de tu proporción se arregla. Y te puedo jurar hasta en arameo que la diferencia del resultado es increíble. Algo tan sencillo como llevar las mangas más largas de lo que se debe (si doblas el codo en ángulo recto, el hueso de la muñeca es la referencia) arruina absolutamente el efecto del *look*.

LOS LARGOS DE LAS PRENDAS

Si entramos en el terreno de arreglar las prendas, entonces también es importante prestar atención al concepto de por dónde tiene que quedar el largo. Yo ya te adelanto que la mayoría de las veces se entra en barrena de forma innecesaria. Porque la mejor referencia para saber por dónde tiene que quedar el largo de un pantalón, falda, americana o sayo variado es cómo queda en la foto de ejemplo de la web. ¿Que a ella le queda por el tobillo? Pues tú miras dónde tienes tú tu tobillo y por ahí tiene que quedarte. Porque tanto si eres del mismo centro de Liliput como si tienes las piernas de Naomi Campbell, tobillo tienes. No lo hagas a lo loco, que luego pasa lo que pasa y te quedan los pantalones como a Steve Urkel.

El nombre de la prenda también te da información. Porque si la descripción de la prenda dice tobillera, pues entonces irá al hueso del tobillo. Y si dice midi, el punto exacto estará justo bajo el gemelo. Es decir, a la mitad de camino entre la rodilla y el final del empeine. O si es *full length*, como llaman ahora a eso de que quede hasta el suelo, pues entonces tendrás que saber con qué calzado te lo vas a poner. Porque el suelo no queda a la misma distancia cuando vas en bailarinas que cuando llevas tacón.

Y el bajo del pantalón ha de quedar a unos dos centímetros del suelo. Seguramente, ahora por tu cabeza esté pasando el argumento de que quieres ponerte ese pantalón tanto con deportivas y zapato plano como con tacón. Te adelanto que todo no se puede. O eliges ponértelo con uno o con otro calzado. Pero si aun así quieres que sea polivalente, entonces arréglalo tomando como referencia el zapato más bajo. Porque no hay cosa que peor quede que un pantalón arrastrando y limpiando las calles. En ese caso, cuando lo lleves con tacón, quedará un poco más corto pero con estilo.

Arreglar la ropa da una pereza tremenda. Sobre todo, si eres bajita y forma parte ya de tu día a día, y se te acumulan pantalones y chaquetas para llevar a arreglar. Pero hacerlo es fundamental para que la prenda quede ajustada a tu cuerpo. Así que no te escaquees: lo que tengas que ajustar arréglalo. Te aseguro que te vas a dar cuenta de la diferencia en cuanto lo hagas.

UNA COSA ES GRANDE Y OTRA, *OVERSIZE*

Como estamos hablando de tallas, esto merece su apartado. El *oversize* es un concepto de vestir que define esa ropa diseñada con el efecto de que parezca grande. Normalmente, tiene los hombros caídos, las mangas anchas y el contorno amplio, por lo que el resultado aporta volumen visual. Que sea *oversize* no significa que disimule o que, como tapa, pues quede bien. No. Porque eso de las proporciones que estoy repitiendo como un disco rayado de nuevo sube al escenario a cantar el *Only You*. Si no tienes en cuenta tus proporciones, puede que más que ocultar te añadas volumen visual. Porque el efecto del *oversize* lo mismo estiliza que te hace parecer una carpa de circo: todo depende de ti.

¿Qué hacer si te encanta el rollito ese de ropa que parece grandota o de aire masculino, pero eres de las que con ropa *oversize* estás en la categoría «carpa de circo»? Pues poner la ropa a tu servicio, como siempre, y decantarte por las prendas holgadas. Es decir, que no te queden pegadas al cuerpo, que queden flojitas, pero que, en lugar de quedar muy amplias de manga y con el hombro caído, queden más encajadas. Búscalas con la costura en el hombro, en lugar de caída en el brazo, por ejemplo. Y así no se añade tanto volumen visual.

DE MIL COLORES

Esto no tiene nada que ver con los test tipo «¿Cuál es tu color favorito?», porque no se trata de elegir cojines o cortinas para que te queden bonitos en tu casa o de escoger el color que te dé buen rollito y esas cosas que cantaba Amparanoia.

Los colores de los que te hablo son los que consiguen que pases de tener una cara de acelga pocha a ser la doble de luces de JLo o que Charlotte Tilbury te vea y te dedique un iluminador. Cuando un color te favorece, consigue eso que se suele decir de tener el guapo subido. Frente al efecto contrario que provoca la ropa que no te favorece, la cual te apaga la cara y resalta tu ojera en lugar de tu color de ojos, o que hace que se te vea un bigotazo aunque no lo tengas.

Todo esto es obra y gracia de la colorimetría y de las estaciones de color, las cuales se llaman así porque son como las del año: primavera, verano, otoño e invierno. Así, seguro que no se te olvida, por analogía. Y repito, no tienen nada que ver con tu estación favorita, no significa que seas verano porque te encante el verano. Y tampoco se heredan: que tú seas una estación no significa que tu madre, tu hermana o tu hija tengan que pertenecer a la misma.

Dentro de esas estaciones, hay dos que son de colores cálidos (primavera y otoño) y otras dos, de colores fríos (invierno y verano). ¿Y cómo sabemos a cuál pertenecemos? Para determinar tu estación de color hace falta un poco de tiempo, un espejo y luz natural. Así, sin maquillar, con calma y siguiendo un proceso se puede acotar tu estación de color. Al principio, si lo haces sin ayuda, quizás te cueste y te bloquees. La diferencia entre uno y otro color suele ser sutil, así que es mucho menos frustrante si lo haces con la ayuda de un profesional. Las colorimetrías son una experiencia que me encanta preparar y vivir con las *estilarias*, porque, con mi método menos ortodoxo, ven la diferencia entre colores y comprenden muy rápido cómo llevarse esa información a los armarios.

Hacer un tratado de colorimetría no es el objetivo porque es algo sobre lo que habría que profundizar mucho más y daría para un librito enterito, con sus capítulos y todo. Tampoco pretendo que con cuatro líneas que te ponga aquí, te quede ya claro y, ¡pum!, conozcas inmediatamente tu estación de color. Simplemente que sepas a grandes rasgos de qué va el tema: que existe y que es útil hacerse una. Para que cuando oigas campanas sepas desde dónde suenan.

Para saber cuál es tu estación de color tienes que fijarte en tu color de pelo, de ojos y de piel. La suma de esas tres variables te dará como resultado que seas fría o cálida. Y dentro de esta división, tu estación exacta. Como este tema es bastante más complejo, por intentar simplificarlo, te diría que hicieras la prueba del gris y del marrón. En modo método *estilario*.

Busca una prenda en color gris claro y otra en color marrón. Ponte delante del espejo, sin maquillar y si es posible con luz natural. Y coloca esa prenda justo bajo tu cara. Ahora mira y fíjate: ¿con cuál tienes más cara de pollo malito?

Si con el gris te iluminas y con el marrón te apagas: entonces eres fría. Y si es al contrario, que con el gris se te marcan las ojeras, pero con el marrón brillas: entonces eres cálida.

Eso sí, no esperes que esto suceda con cánticos celestiales y una aureola de luz a tu alrededor. Es algo sutil. Pero si te miras bien, verás la diferencia entre uno y otro. Y no, no te van a quedar bien los dos. Habrá uno que te vaya mejor que el otro. Mírate el óvalo, los ojos, la ojera… Tranquila, no te agobies con el tema. No es algo que se defina en un par de párrafos, pero que esto te sirva para ponerte delante del espejo y ser un poco más crítica con el porqué de los colores y cómo funcionan en ti.

Saber la estación de color a la que perteneces te sirve para dos cosas:

—**Definir la armonía cromática del armario:** en lugar de ponerte a pegar tiros al aire y convertir el armario en un crisol del colorín, conseguirás que la ropa que entre mantenga cohesión con la que ya tienes y que así todo esté en armonía y que, con menos prendas, salgan más *looks*. Es también una guía fabulosa para cuando vayas de compras porque te acerca a esas prendas combinables con lo que tenemos y te aleja de los caprichos que luego no terminarán de funcionar en tu armario.

—Saber por qué con unas prendas te ves bien y con otras no. O por qué tienes algo años y años en el armario, que te encanta, pero que nunca te pones porque tiene un algo que no te gusta. Sorpresa: casi siempre es el color.

En cualquier caso, no te bloquees. Primero, porque hablamos de colores en prendas que van pegadas a la cara. Es decir, que si eres cálida no significa que no puedas tener un pantalón negro o si eres fría que tengas que renunciar a unos botines camel. Es una información interesante para tener en cuenta en las prendas que vayan más cerca de tu rostro, ya que sobre él influirá esa mayor o menor sensación de luz.

¿Significa esto que, si perteneces a una estación de color, ya tienes que renunciar a llevar los colores que no están en ella? No. Significa que tienes ya la información necesaria para saber cómo equilibrarlos. Por un lado, porque si eres cálida, los azules tipo Klein no te van a favorecer, pero si lo sabes y te encantan, puedes echar mano de unos pendientes que combinen con el Klein otros colores más cálidos que sí nos vayan, como un lima, por ejemplo. El mundo de los azules, por ejemplo, es muy amplio. Y que en lugar de tirar por los más fríos, como el Klein o el turquesa, puedes hacerlo hacia el camino de los más cálidos, como el petróleo.

El mundo de la colorimetría también te sirve para romper con estándares que no tienen ninguna base sólida y que lo que hacen es liarte más. Porque los «se supone que» ya sabes que, en materia de estilo, despistan más que guían. De ahí que eso de que el negro o el rojo son muy favorecedores solo frustre más que ayude. Porque si eres cálida, con estos dos colores quizás te veas terrible. Así que por tu tranquilidad te lo adelanto: la culpa no es tuya. Es del color que no es para ti.

#NOSETEOCURRA

Las bragas feas y dadas de sí.
Retira esa ropa interior de la que se avergonzaría
hasta la mismísima Bridget Jones.

4

Sesión de J.Loismo.
Ponte frente al espejo
y saca a la diva
que hay en ti

Los elementos necesarios para vivir son aire, agua, alimento y espejo. Lo afirmo desde la plena convicción que me ha dado la experiencia. No creas que estoy exagerando. Si meto al espejo en la ecuación, es porque tu autoestima depende, en gran medida, del tiempo que te dediques delante de este objeto y de la calidad de ese tiempo. Porque, además de servir para conocer la percha que tienes que vestir y dominar tus proporciones y los colores que te favorecen, el espejo es esencial para conectarte cada día contigo misma. Es la herramienta fundamental para que te mires a los ojos y te digas: estoy aquí, sigo aquí, soy esta. Para que hables con tu yo del presente y dejes de añorar a la yo del pasado que poco pinta ya. Porque los refranes, que tan sabios son, ya sentenciaron aquello de «agua pasada no mueve molino».

LA HERRAMIENTA

La herramienta indispensable, obviamente, es el espejo. ¿Tienes un espejo de cuerpo entero en tu casa? Este dato es de gran importancia. Porque es elemental, y me aventuro a decir que obligatorio, tener un espejo de cuerpo entero. No me vengas con historias de que te subes a una silla y te ves. O de que con el del baño de apañas. O que no tienes mucho espacio y a ver dónde lo pones. No. Debes tener un espejo de cuerpo entero. En el que te veas reflejada de la cabeza a los pies sin necesidad de hacer el número de la cabra aquella que subía y bajaba sillas al son del organito. Da igual si es más o menos bonito: que sea un espejo vintage recién llegado de Versalles no va a solucionar tus dudas de espejo. El espejito mágico de Blancanieves, por ahora, es una falacia. Colócalo donde puedas, sea en una pared, sea en la puerta de un armario, sea colgado detrás de una de las puertas de tu casa. En tu dormitorio, en el vestidor o donde tu espacio te lo permita, pero es innegociable.

Esto es como cuando te peinas con las manos. No necesitas un peine para peinarte porque con las manos... pues solucionas. Pero el resultado no es el mismo que cuando lo haces con un cepillo. Seamos realistas. Necesitas mirarte en un espejo de cuerpo entero.

APRENDE A MIRARTE AL ESPEJO

Como todas las herramientas, necesitan un aprendizaje previo si no se está acostumbrado a utilizarlas o si nunca se han utilizado. Mirarte al espejo no es un examen de oposiciones, pero al mismo tiempo exige que aprendas a hacerlo correctamente si ha pasado tiempo desde la última vez que lo hiciste de forma consciente. Porque mirarse al espejo no consiste en hacerlo deprisa y mientras te lavas los dientes. O en el del ascensor mientras te terminas de vestir cada mañana, corriendo para no llegar tarde. Porque eso no cuenta como mirarse al espejo. Eso es como comerse una rebanada de pan de molde doblada a la mitad con un trozo de pavo dentro mientras con la otra mano te pones el abrigo para irte: estás comiendo por pura supervivencia. Pero dista bastante de lo correcto y recomendable que es sentarse a la mesa a tomar un equilibrado plato de comida: tu tostada con aguacate, huevo y pavo. No es, ni por asomo, lo mismo.

Cuando te mires al espejo has de hacerlo conscientemente. Diciéndote: voy a mirarme al espejo. Con la felicidad que da encontrarse con una mejor amiga. Porque es así: al otro lado del espejo está la persona que debes cuidar, admirar, querer e idolatrar por encima de todas las cosas. Si te cuesta y se te hace cuesta arriba, el primer paso para tu terapia de reconciliación con el espejo es que empieces por perderle el miedo. No te mires buscando tus defectos porque nada que esté en tu cuerpo puede ser un defecto. Defecto es aquello que no está bien hecho: ¿piensas de verdad que no estás bien hecha?

Por eso, para que no te desvíes del camino correcto de espejo y no caigas en el drama del defecto, una buena manera de aprender a mirarte al espejo es empezar por romper el hielo y enfrentarte con amor a tu imagen. Y esto se consigue bailando. Bailando delante del espejo. Bailando a tope. Como si estuvieras en clase de Rafa Méndez en *Fama, ¡a bailar!* Baila mucho, sin vergüenza, sin miedo, aunque seas arrítmica. Escenifica la canción, márcate un *playback*: el escenario es tuyo. La Beyoncé de tu dormitorio, aun incluso si tus pasos de baile son más cercanos a los de Luis Aguilé cantando lo de «es una lata, el trabajar» que a los de la Queen B. Y si lo haces en ropa interior, mejor todavía. Puede que te parezca una soberana tontería, pero te puedo asegurar que dicha tontería va a romper la barrera que has levantado entre tu imagen de hoy y tus exigencias del pasado. Que te han llevado a no mirarte y, por tanto, a no aceptarte. Que te han alejado de la realidad de tu imagen actual, que no es tan terrible como has dibujado en tu cabeza. Y, por eso, necesitas reencontrarte y valorar todas las cosas buenas que tiene tu cuerpo. Además, te puedo asegurar que, una vez que lo hagas, ya vas a querer seguir haciéndolo siempre. Mirarse al espejo con intención Norma Duval es adictivo y sana cualquier bajón. A quién no le va a gustar ser la nueva diva del siglo XXI de tu imaginario privado.

Además de para bailar y alimentar a la diva que hay en ti, el espejo es esencial para probar la ropa. Solo probando delante del espejo descubres prendas que creías que no eran idóneas para ti y se acaban convirtiendo en tu recurso preferido. Y, por otro lado, es fundamental para ensayar conjuntos y así exprimir al máximo el armario.

Si no realizas un repaso habitual entre tus perchas y cajones, te olvidarás de que tienes determinadas prendas. Porque, con las prisas, es fácil caer en explotar siempre la misma ropa. Así que si de vez en cuando haces una sesión de probar, encontrarás valiosas sorpresas.

El primer conjunto te va a costar más esfuerzo. Pasarán minutos interminables resoplando delante del armario con el «no sé por dónde empezar» en la punta de la lengua. Bostezando y pensando en la lista infinita de cosas que tienes que hacer en lugar de estar ahí perdiendo el tiempo. Acalla ya esas voces porque esta tarea también la tienes que hacer. Inexorablemente. Lo bueno es que, una vez que te pruebas ese primer conjunto, ya abres el grifo de la creatividad y empiezan a salir alternativas que mezclar con lo que te vas poniendo. De esa forma, consigues tanto dotar de más profundidad a tu ropa a través de las múltiples combinaciones como entender qué te hace falta, qué va más contigo y qué no, qué errores has cometido y qué compras han sido un acierto.

Además de para probar, el espejo te va a ayudar a colocarte bien la ropa. Vestirse no es un acto pasivo. Como si la ropa te hubiese llovido del cielo. La ropa hay que colocarla: los cuellos de las camisas que no se queden ocultos y aplastados bajo jerséis o chaquetas, las mangas un poquito remangadas siempre (porque al enseñar las muñecas se consigue un efecto similar al que se produce al enseñar los tobillos: estiliza), ese poquito por dentro en la parte superior, un botón más del escote abierto porque al despejarlo se alarga más visualmente... Todo eso se aprende delante del espejo; cuando has adquirido el hábito de mirarte en conjunto y vas viendo qué falla y cómo darle gracia a lo que llevas.

El espejo es también la herramienta imprescindible para derribar complejos derivados de esas etiquetas que te han puesto o que te has puesto. Es tu cuerpo, no lo mires con dureza. Es muy española esa falsa modestia de despreciar lo de uno y ensalzar lo ajeno. Pues no. Adora tu cuerpo. Porque es tuyo. No por dejar de mirarlo va a dejar de existir. Y por eso, la mejor carta de la baraja no es la perfección: es la actitud. Al otro lado del espejo no puede estar la que te castiga. Tiene que estar esa persona que se enorgullece de mirarte a los ojos. ¿Eres capaz de hacerlo? Si aún no lo eres, hoy puede ser el primer día. Porque al mirarte al espejo tienes que romper todas esas barreras —los recuerdos dolorosos, los traumas del pasado, las etiquetas feas que te han ido adjudicando, los castigos que te autoimpones, las exigencias no necesarias...—, y abrazarte. Mirarte a los ojos, llorar si es necesario; pero mirarte y darle las gracias a tu cuerpo. Porque con todas las cicatrices de lo vivido y, aunque no sea el que te gustaría que fuera, es tu cuerpo y no hay cuerpos imperfectos, solo ropa mal elegida. Es un templo sagrado. Y estás viva: supera eso.

LA PROTAGONISTA DE LA PELÍCULA

Hasta que no tomes conciencia de que eres la protagonista de la película de tu vida, no estarás en el camino *estilario*. Delante del espejo estás sola contigo misma. No tienes que contentar a nadie, no vas a defraudar a nadie, no tienes que disimular nada, no tienes que fingir nada. Así que cuanto más sincera seas contigo misma, mejor. Porque si no te deshaces de esas máscaras, no podrás mirarte al espejo. Y esto solo se consigue si aprendes a respetarte y a tratarte con cariño y orgullo.

Si lo del baile te sigue pareciendo imposible para ti, hay otra manera de que te vayas acercando al espejo con cariño, de que te vayas aproximando a tu imagen y rompiendo esas barreras. Empieza a hacerte una foto cada día con el *look* que lleves. Lo ideal es que lo hagas en tu espejo de cuerpo entero (ese que, si no tenías, ya has puesto), pero si no, al menos, en el espejo del baño o en el ascensor. Hazte un *selfie*. Los primeros te quedarán terribles: es normal. No se nace con el carnet de *influencer*, eso se entrena. ¿Para qué te va a servir eso de hacerte fotos? Para perderte el miedo. Eso que ahora llaman *selfieterapia*. ¿Recuerdas antes de que se pudieran enviar audios de WhatsApp? Levanta la mano si tú también eras de las que se moría de vergüenza cuando se escuchaba en una grabación o hablando por un micrófono. Y que decías «¿¿en serio mi voz suena así??». En cambio ahora nos pasamos el tiempo oyéndonos en los audios de WhatsApp o en los millones de vídeos aleatorios que hemos grabado y tenemos guardados en el móvil. Pues de la misma forma que te reconciliaste con tu voz y la normalizaste, con el ejercicio de mirarte lo harás con tu cuerpo. Sin filtros. Eres como eres. Y eres fantástica. Mírate: estás estupenda. Hazle caso a Sócrates, que por algo era muy sabio, y conócete a ti misma.

Con las fotos también vas teniendo una visión de tu exterior y de lo que te pones cada día. Y te sirve para analizar si lo que llevas te define o no y qué modificar. Te irá aproximando a definir tu estilo propio.

EL TRUCO DEL SEGUNDO PLANO

Sacarse partido. Cuántas veces habrás escuchado esa frase. Normalmente asociada a que fulanita no es muy guapa pero sabe sacarse partido, por ejemplo. Pues eso de sacarse partido es el resultado de mirarse mucho al espejo y de conocerse bien. Has de dominar tus proporciones y ser consciente de lo que no te gusta de ti (o mejor dicho, de lo que te causa inseguridad), pero, sobre todo, de lo que te encanta.

Si conoces lo que te encanta de ti, esas partes que te gustan menos o te dan inseguridad podrás pasarlas a un segundo plano. No disimularlas ni ocultarlas. Pasarlas a un segundo plano porque el papel protagonista lo tendrá esa parte que te encanta de ti. Un ejemplo práctico, por si te estás liando con el trabalenguas:

imagina que no te gustan tus brazos. Te pasas el año temiendo que llegue el verano porque no quieres enseñarlos, pero tampoco quieres achicharrarte. Por un lado, focalizas tanto en tus brazos que crees que todo el mundo los mira tanto como los miras tú. Por otro lado, porque si te quedas mirando solo lo que NO te gusta, te olvidas de lo que SÍ. Ese SÍ será lo que tengas que destacar: por ejemplo, tienes un escote bonito. ¿No te gustan los brazos? No los ocultes. Resalta tu escote. Ponte un escote pico, que alarga y estiliza y centra la atención en ese eje, dejando los brazos en ese segundo plano del que hablamos. Y es mucho más cómodo, más libre y divertido que ponerte una manga larga para que no se vean. O ponte unos pendientes grandes. Es como el truco juvenil de toda la vida de maquillarse los ojos para que no miraran a la boca porque tenías un pelín de bigote y no te había dado tiempo a depilarte.

¿SIEMPRE VAS VESTIDA IGUAL?

Spoiler: es porque no te miras lo suficiente al espejo. Así que ya tienes tarea para hoy: Mónica Naranjo a todo volumen y a bailar frente a tu reflejo.

Precisamente te acabo de comentar lo importante que es mirarse al espejo y probar con toda la ropa de tu armario para ir montando *looks*. Y esos *looks* que salen los puedes fotografiar y guardar en carpetas para tener tu propia biblioteca de recursos infalibles y así no pensar cada mañana.

Esa pregunta que da nombre a este apartado también te dará información más allá de que no te miras lo suficiente al espejo. Te está diciendo que te has desconectado de ti. Que has dejado de considerarte una prioridad. Y la realidad es que debes ser siempre la prioridad. Es mucho más fácil que el barco navegue sin errores si el capitán está fresco como una lechuga.

El problema no es vestir siempre igual. No es malo vestir siempre igual, lo malo es comer azúcar en cantidades industriales o atiborrarse de ultraprocesados como hábito de alimentación continuado. Pero tener un estilo propio no es algo negativo. En cambio, sí lo es que tengas la percepción de que vas siempre vestida igual. Que lo veas como algo negativo, que sientas que estás fallando y que tu imagen no te representa.

Si ese es el caso, entonces necesitas una sesión intensiva de espejo (ooootra vez), porque significa, en realidad, que la ropa que tienes en el armario ya no te representa. Tus circunstancias, tus experiencias y tu vida van definiendo a la persona que eres. Por lo que tus sensaciones con la ropa que tienes puede que hayan cambiado. La ropa que esté en tu armario tiene que ser un lugar seguro. Igual que tu espejo. Ese sitio en el que darte la mano. Que cuando te mires y veas cómo vas vestida, te sientas bien. Te sientas tú misma. Y si esto sucede, da igual que te pongas una y otra vez lo mismo. En cambio, si ese cable entre tú y el espejo se ha desconectado, verte siempre con la misma ropa es un recordatorio de que no estás a gusto contigo misma. Y los niveles de frustración aumentan.

No elegimos nuestro pelo, nuestro cuerpo, nuestra estatura, la talla de nuestro pie. Es verdad que se nos adjudican en el reparto genético. Pero es igualmente cierto que, aunque nos hayan tocado números de esa lotería que no nos gustan nada, también tenemos una enorme colección de otras fortalezas maravillosas de las que no estamos sabiendo disfrutar ni sacarles partido, por estar atascadas y focalizadas en esos noes que nos frenan, nos estancan y no nos permiten avanzar. Porque ya que he nombrado a Sócrates, vuelvo a mencionarlo con aquello que decía de que «el conocimiento os hará libres». Así que rompe ya esas cadenas absurdas que te has puesto y empieza a disfrutar de la gloria del espejo.

#RECUERDAQUE

Eres como eres. Y eres fantástica.
Mírate: estás estupenda.
Hazle caso a Sócrates, que por algo era
muy sabio, y ¡conócete a ti misma!

#NOSETEOCURRA

Guerra a la pelotilla
Di NO al jersey pelotillero.
Sin excusas.

5

El secreto
está en la mezcla

E l éxito de tu armario se encuentra en las posibilidades que
te ofrece para exprimir al máximo todo su contenido. Es lo
más parecido a una despensa planificada con sentido, sin
cosas caducadas ni paquetes que lleven decenios ahí guardados,
aun a sabiendas de que nunca vamos a cocinar nada con ellos.
Cuando era pequeña, en mi casa había un bote de cristal enorme,
de medio kilo más o menos, con unas bolitas negras sumergidas en
un líquido turbio que tanto podrían ser aceitunas como guindas.
O una mutación de ambas después de tantos años ahí metidas.
No sé si es que se trataba de una reliquia del pasado, si lo habíamos
heredado de los romanos o si funcionaba como amuleto familiar.
Pero permanecieron ahí año tras año durante décadas de mi vida,
sin cumplir más función que ocupar un montón de espacio de la
despensa. Menos mal que nos mudamos de casa y desaparecieron
por el camino. Es probable que también en tu despensa conserves
un equivalente al bote de las bolitas indeterminadas. Sin embargo, y a pesar de ello, seguramente cuando vas al supermercado lo
haces de forma planificada, con una lista preparada en la que has
ido anotando lo que te hace falta. ¿Que se acaba el arroz? Apuntas:
arroz. Que tienes planeado hacer unas albóndigas, te aseguras de
tener todo lo que necesitas para ello. Y así, tu cesta de la compra
es coherente con tu vida y tus necesidades. Los pañales son un

invento muy útil. Pero si no tienes bebés en casa, ¿para qué te van a servir los pañales? Para colonizar tus muebles esperando a que pase un bebé por tu casa, que lo mismo hay tantas probabilidades de ello como de que caiga un meteorito en tu calle. Pues con tu armario tienes que comportarte como con tu despensa. Has de aspirar a que todo lo que hay dentro de él tenga utilidad. Has de aspirar a un armario que te permita jugar con todas las piezas que contiene mezclándolas entre sí para obtener el mayor número de *looks* posible. Todo lo necesario para las albóndigas el día que toque albóndigas. Y es la cohesión la que ejerce como varita mágica capaz de conseguirlo.

Si tú abres las puertas de tu armario (o entras en tu vestidor, para el caso es lo mismo) y te encuentras un crisol de prendas variadas, con multitud de colores, de estampados; un muestrario completo de posibilidades, un arcoíris perchado, entonces es como si hubieras hecho la compra de la semana como un niño de tres años. Un niño de tres años en un supermercado compraría todo lo que le gusta: golosinas, patatillas, cajas de galletas que saben fatal, pero que son bonitas, cosas que probablemente no sepa ni lo que son, pero estaban ahí justo delante y sin pensar las ha metido en la cesta. ¿Podrías hacer unas albóndigas con eso? No hace falta ser Arguiñano para darse cuenta de que no. Imposible. Pues si vas a comprar ropa en modo niño de tres años, seguramente, aunque salgas de la tienda con una bolsa llena de cosas bonitas, sientas que no tienes nada que ponerte, que no has solucionado nada: porque no hay cohesión de armario. Solo son cosas sueltas.

El concepto de cohesión es fundamental si quieres conseguir un armario muy combinable, que es el premio Gordo, ya que te permite crear muchos *looks* necesitando mucha menos ropa. La cohesión es el hilo conductor de tu armario. Imagina que tienes que crear una cadena de prendas, como esos monitos rojos de Toy Story que se daban la manita entre ellos. Coges una y esa prenda tiene que darle la mano a la siguiente. Así funciona la cadena: haces un *look* con dos prendas que combinan. Te quitas una y la que se queda, tienes que combinarla con otra que tengas colgando en el armario. Y así sucesivamente, es como se van dando la mano las prendas: tienen que combinar unas con otras en cadena. Una cadena de prendas. Si tu armario está cohesionado, entonces tendrá la armonía necesaria para que se mantenga esa cadena.

Que el armario esté cohesionado y que estén todas las prenditas agarraditas de la mano no quiere decir que siempre vayas vestida igual o que tu armario sea muy aburrido o neutro. O que tengas que renunciar a las tendencias. Lo que se consigue con este truco de las prenditas que se cogen de la mano es que haya una armonía cromática, una coherencia entre colores, incluso aunque introduzcas uno nuevo. Que haya varios colores, pero que estén en gamas de temperatura similar (que de repente no haya fríos y cálidos sin sentido). O que haya estampados, pero siempre en gamas que coordinan y en armonía lógica. No es muy coherente (y resulta difícil de combinar y manejar) tener rayas, cuadros, cachemires, tribales, geométricos..., salvo que seas una tienda de Desigual. Y así evitas el típico error de tener ropa incomprendida que no puedes combinar con nada y que no terminas de usar por la misma razón. Porque no guarda cohesión con el resto del armario. Es un T-Rex en medio de tantos monitos. Y todos sabemos, además, que precisamente la habilidad de dar la mano no es uno de los fuertes de este dinosaurio.

VERSATILIZAR EL ARMARIO

El concepto de cohesión tiene concretamente ese objetivo: el de conseguir que, con el menor número de prendas, salgan montones de *outfits*. Que lo que compres le dé la mano al mayor número de prendas posible en esa cadena de monitos. No contemplo la opción de comprarse cosas solo para usar en una ocasión concreta (salvo un evento, boda o algo excepcional). Y, peor aún, es comprar ropa que solo vas a combinar de una única manera. Modelitos de una puesta. Si por tu cabeza ha pasado o pasa comprarte un *pack* ya hecho, un «me llevo lo que lleva el maniquí para ponérmelo solo como lo lleva en maniquí», no. Así no. Porque vas a necesitar la casa del príncipe de Bel Air, pero entera y en modo vestidor, para meter todos esos *unilooks*. Y créeme si te digo que, aunque llenes la mansión de *unilooks*, el resultado no será mejor que teniendo solo unas cuantas prendas, pero que se dan la mano entre ellas. Con los *unilooks* (aun teniendo muchos) tendrás la impresión de ir vestida siempre igual. Porque la realidad en este caso es que sí irías vestida igual: repitiendo los *looks* montados como tal. En cambio, la creatividad en esos *looks* que se dan la mano en modo cadena de monitos es casi infinita. Y si sigues practicando los bailes de diva delante del espejo, continuarán saliendo nuevas ideas. De forma que, si cada vez que vas de compras, lo haces de forma responsable, pensando en lo que tienes, esas nuevas adquisiciones serán otros elementos más en esa cadena de prendas. Es decir, otras ramificaciones más para tu creatividad.

Versatilizar el armario, incrementando las mezclas entre prendas, tiene una clara ventaja económica. ¿Te has parado alguna vez a calcular la cantidad de dinero que tienes en el fondo perdido de tu armario? En prendas que no te pones apenas o nunca, en compras que parecían ser el chollazo del siglo por esa rebaja increíble que tenían, pero que no te pusiste apenas (o nunca). No es lo mismo tener una prenda que vale para muchos *looks* que una sola prenda para un único *look*. Piensa en tu mueble de los productos de limpieza. Puedes decantarte por un multiusos tipo el amoniaco, que lo mismo desinfecta que elimina la cal o la grasa. O puedes tener un bote para la cal, otro para la grasa, otro para el aire que respiras y otro más para la fuerza de los mares. Con ambas opciones cumples las mismas funciones, solo que con la primera ahorras espacio y dinero, y con la segunda todo lo contrario.

De ahí la explicación de otra ventaja de un armario más versátil y es que es más ligero y manejable. ¿Respiran las perchas en tu ropero o es como si el contenido fuera de hormigón armado? Si cada vez que intentas sacar una prenda, haces más brazo que en el gimnasio, entonces es porque la cohesión es escasa. Hay más de lo que necesitas y la cadena de monitos falla o no existe.

Y la última de las virtudes de esta versatilidad es fabulosa, es la mejor de todas y la más satisfactoria, y se trata de que esas mezclas infinitas te van a permitir usar la ropa que tienes. Toda, porque además te va a gustar en su totalidad, te va a solucionar cualquier eventualidad que tengas y siempre te va a sorprender con nuevas formas de combinarla. Aunque creas que ya las has probado todas.

CÓMO COHESIONAR

Sí, otra vez te voy a decir que tienes que probar delante del espejo. Que no existe la ciencia infusa y que nuestro cerebro es traicionero. Y de la misma manera que te montas tu película en la que te tropiezas con Maxi Iglesias y te recoge en sus brazos, también te montas la película de ese *look* divino que cuando te lo pruebas es un despropósito. Así que para cohesionar solo funciona probar. E ir engranando la cadena de prenditas que se dan la mano en modo monito.

Si te cuesta arrancar, hazlo pensando en un objetivo real. En que tienes que vestirte para ir a trabajar al día siguiente o para un cumpleaños que tienes el sábado. Tienes que pensar el modelito que llevarás. Esto ya te obliga a plantarte delante del armario y empezar por una prenda como punto de partida. Por ejemplo, quieres ponerte ese pantalón negro. Pues esto es como un juego: cuando tengas el combo pantalón negro + la prenda que acompaña, vas de esa casilla a la siguiente (otra prenda con la que lo combinarás). Y así sucesivamente.

En ese camino de la cohesión, te irás dando cuenta de los fallos de sistema que tienes colgando en el armario, porque no encajan con nada y porque no terminan de salir a la palestra. Toma nota de ellos porque serán protagonistas del cribado.

COMBINAR ROPA

Mi abuela es muy graciosa. Pasa ya de los noventa años y hasta hace muy poco no se perdía ni una de sus clases semanales de natación. Ni un gramo de celulitis tiene. No es nada presumida (nunca lo ha sido), pero en cambio es muy observadora: se fija mucho en lo que llevo, en cómo lo llevo, en si algo es nuevo o no. Y cuando me compro algo y se lo enseño, siempre me dice «uy, qué bonito. Además te lo puedes poner con marrón, con negro, con verde, con rojo. Te combina con todo». Eso que dice ella podríamos adoptarlo como eslogan de la cadena de monitos porque la prenda en cuestión se daría la manita con el resto de prendas de mi armario.

Si se te vienen a la cabeza prendas que te cuesta combinar o con las que no te salen *looks*, entonces tienes que escucharlas. Porque están intentando decirte algo. Que estén ahí en tu armario sin cumplir más función que la de coger polvo, y hacerte una peineta cada vez que abres las puertas, tiene un significado. Es el momento de que saques a la vaquera que vive en ti, cojas el lazo y las acorrales. Solo acorralándolas y sacándolas a la palestra podrás entender la razón por la cual no tienen combinación. Y ya te adelanto que el motivo no es que le falten otras prendas para poderlas combinar y así montar el *look* final. Si tienes que forzar la sonrisa para entrar en una pandilla, es que no son tus amigas ni lo van a ser. Pues esa prenda que has acorralado no va a hacer pandilla nunca con lo que ya tienes. No han nacido para ser *coleguis*. Así que déjala que se vaya y pegue la vuelta.

Lo que de verdad te ayuda a combinar es que empieces de cero, que te despojes de hábitos que tienes desde hace años. Porque si siempre haces las mismas combinaciones, no vas a avanzar, ni a evolucionar, ni a exprimir nada. Es como andar en una cinta: claro que estás caminando. Pero siempre en el mismo punto exacto. Si plantearte realizar tú sola el ejercicio de ir probando opciones delante del espejo te parece tan complicado como trabajar en el Circo del Sol, resulta muy útil que tengas ese tablero en Pinterest en el que guardes *looks* de tu estilo (o del estilo realista que te gustaría tener), en los que hayan utilizado prendas que tú tienes en el armario y que tienes ganas de ponerte más. O que hagas búsquedas detallando directamente lo que buscas: «*look* con falda satinada». O «*look* con peto en invierno». Quédate con los resultados que conectan con tu estilo para no caer en el disfraz (que eso es un drama) y analiza cómo los combinan y qué otras piezas entran en el juego. Te aseguro que aparecerá alguna idea que no habías pensado y que te va a servir para darle una vuelta a tu armario.

Para conseguir un *look* de éxito no tenemos que hacer malabares del vestir. Ni inventar combinaciones extrañas o arriesgar con colorines y complementos. Es estilo propio: así que va de ser una misma. Por tanto, aunque creas que tu *look* se ve muy básico, no renuncies nunca a tu esencia. Para elevarlo hay muchos más recursos que empezar a vestirte con ropa que no te representa. Recursos como el de la tercera prenda, que es muy fácil de aplicar y siempre funciona.

La tercera prenda hace referencia a ese elemento que consigue elevar el *look*. Que le otorga el toque especial. Que convierte una camiseta blanca + vaquero en un look con estilo. Unos calcetines, un collar, un cinturón, una bufanda… pueden ser tercera prenda porque con su presencia contagian de su esencia al *look* completo. Son la guinda del pastel.

El concepto de tercera prenda es también una buena ayuda si estás empezando a introducir complementos en tus *looks* y no sabes si te pasas o te quedas corta. Porque es una buena medida para frenarte cuando te entren las ganas de colgarte todo tipo de cosas, como si fueras un vendedor ambulante de la playa. Porque no por ponerte más complementos vas a ir más especial. Para combinar complementos en exceso, hay que pasar primero por el parvulario de los complementos. No se puede leer *El Quijote* sin haber leído a Teo antes. Así que si estás todavía introduciéndote en el mundo del accesorio, has de saber que la máxima *estilaria* en este asunto es que, ante la duda de si llevas de más, te lo quites.

Por eso, si no recurres a los complementos pero es algo que te apetecería empezar a hacer, la tercera prenda es una buena guía para lograr el equilibrio sin la sensación de meter la pata. De la misma manera que, si eres una compradora compulsiva de charcutería fina (que diría mi añorada Marujita Díaz refiriéndose a la bisutería), que solamente llena cajones de accesorios que luego no utiliza, el método de la tercera prenda te permitirá dar uso a esos abalorios y no solo comprarlos. Y aprenderás a ser más crítica con lo que compras, pensando antes si tiene sentido y realmente lo vas a utilizar. La tercera prenda es, pues, un buen barómetro del sentido común de armarios y cajones.

A la hora de combinar, hay terceras prendas que son estrellas porque su presencia tan aparentemente inocente marca la diferencia. Y de entre ellas, el cinturón es la máxima representación. Aquí no hay excusas de barrigas, marcas de cesárea, «que no lo uso porque no me queda bien»..., porque ninguna de esas justificaciones es válida. No aceptamos ni pulpo, ni barco. Lo único que puede ser cierto es que no estás eligiendo el cinturón adecuado para la prenda que llevas puesta o que no lo estás colocando en la posición correcta: de ahí que no funcione en ti. Muchas de las veces que algo no nos queda bien es porque nos empeñamos en colocarlo para disimular y en realidad lo que hacemos es estropear las proporciones visuales y el resultado es un cuerpo de Gallifante. Los cinturones van en las trabillas de la prenda, y si no hay trabillas que ejerzan de guía, se ponen en la cintura. Y la cintura está a la altura del ombligo. Fin de la historia.

¿Por qué es indispensable tener al menos un cinturón? Porque el cinturón consigue potenciar la verticalidad visual. Con la hebilla, genera un eje visual, una línea vertical que divide tu cuerpo en dos. Y eso estiliza ópticamente. Sea como sea tu cuerpo.

ABRIENDO LA CAJA DE PANDORA

Como ya hemos abierto el melón de la tercera prenda, vamos a sacar la artillería pesada con todos los invitados a la fiesta del accesorio.

Si nunca te has puesto nada, no pretendas pasar de cero a cien sin parecer un árbol de Navidad. Por eso, para que tampoco te quedes bloqueada y directamente tires la toalla, es recomendable que vayas paso a paso, empezando por el truco básico de la tercera prenda, para que la experiencia sea de éxito. Si yo te digo *ear cuff* y crees que es el nombre de un bicho americano, entonces tu relación con los complementos es mínima y tienes que pasar primero por el parvulario de los accesorios que te acabo de comentar.

Lo primero es que tengas claro cuál es el estilo que te gusta. No es lo mismo que aspires a ser Marujita Díaz (que mucha Iris Apfel y lo que quieras, pero Marujita era nuestro referente patrio del más es más) a que te sientas identificada con el estilo de Mies van der Rohe (un *look* puerta absoluto, que diría mi amiga María), tan completamente plano que podría mimetizarse con el entorno. Y no se tiene ni más ni menos estilo por elegir una u otra opción.

Eres tú la que decide cuál es el estilo que buscas tener: tanto si quieres lucir lo más estrambótico del mundo como si optas por ponerte tus pendientes de primera comunión desde 1987 y que ahí sigan en tus orejas.

Pensar en cuál de los dos bandos (bando Marujita o bando puerta) te gustaría estar o en cuál te sientes más cómoda, o con cuál te identificas más, te va a dar también pistas interesantes para seleccionar tus compras; como también, por ejemplo, para elegir el tamaño de la pieza que te vas a poner. Que eres de megáfono: bien de cosas grandes y llamativas; que eres discreta: cadenitas y pendientes más pequeños.

Complementos como los pañuelos son como el aceite de oliva en la cocina. Si es de buena calidad, siempre soluciona y es muy versátil. Lo mismo te haces una tostada, que un guiso, que un postre. Pues con los pañuelos, igual. Si son de seda y bonitos, tanto te lo pones en el pelo, al cuello, en el asa de un bolso, de cinturón. Son un «vale para todo» divino. Y eso es una maravilla de armario, por su versatilidad. Ocupa poco, resuelve mucho. Tener uno o dos pañuelos (uno grande y otro más pequeño), que armonicen con los colores de tu armario, es un recurso interesante. Tener una caja con más de medio millón de pañuelos no es necesario.

El mundo de los accesorios es inmenso y las combinaciones entre ellos también. No existen normas ni límites siempre y cuando seas tú quien los domines y hagas tus mezclas de forma consciente. Como en cualquier experimento, para deconstruir hay que saber construir primero. Y si ya tienes el carnet de experimentada, entonces lánzate. El secreto, sin duda, siempre está en la mezcla.

#NOSETEOCURRA

Obsesionarte con ir a la última.
Llévatelo todo a tu terreno
y actúa siempre
desde tu gusto personal.

6

¡Pies, para qué os quiero!

C uando tenía veintidós años decidí que quería vivir en París. Ahora que lo analizo con la perspectiva que va dando la madurez (aunque me resisto a acomodarme en eso de madurar como sinónimo de renunciar a seguir probando experiencias nuevas, todo sea dicho), pienso en los microsustos que les di a mis padres con ocurrencias como aquella. Irse a París en la era pre-*roaming* y con internet en pañales, en la que la única comunicación era muy ocasional y a base de locutorios, era toda una aventura de la desinformación. Nada que ver con el momento actual, en el que puedes saber al minuto lo que los vástagos hacen aunque sea en las Antípodas. Máxime si tienen Instagram y no te han bloqueado, claro. Pero yo me fui con un Samsung de pantalla de una línea en blanco y negro y con unas monedas recién llegadas a nuestra cartera que llamaban euros y que representaban toda una novedad frente a aquellas añoradas pesetas. Me fui justo después del 11-S y viví un París en el que no había papeleras, como medida de prevención ante posibles atentados. Solo bolsas de basura verdes. Eso no sale en *Amélie* y no es lo que una se espera encontrar en París.

Mientras estudiaba en la universidad, aprobé mi titulación de francés en la Escuela de Idiomas porque uno de mis sueños era ese: vivir en París. Quería pasar un tiempo, no toda la vida: disfrutar de esa experiencia. Así que me fui, con una maleta verde y muchas ganas, décadas antes de que se pusiera de moda *Emily in Paris.* Durante los meses que estuve allí, uno de mis pasatiempos favoritos era pasar el rato en Champ de Mars (yo vivía cerca, en la pequeñísima Rue du Gros Caillou, en un apartamento aún más pequeñísimo). Me sentaba en un banco y jugaba a observar a la gente que pasaba fijándome únicamente en los zapatos que llevaban. Primero miraba sus zapatos e intentaba adivinar cómo sería el resto. Luego levantaba la mirada y me divertía comprobar si el resto del *look* se correspondía con sus zapatos o no. Porque los zapatos no mienten. De hecho, yo propondría a las *apps* de citas que añadieran la obligatoriedad de incluir fotos del zapatero de los candidatos. Porque hablan más de la persona que lo que esta te pueda contar de sí misma. Ya puede ser Brad Pitt, que si va mal calzado, ahí entonces es que hay gato encerrado.

Los zapatos que tú elijas tienen que hablar el mismo lenguaje que hablas tú. Son la extensión de tu personalidad, son los responsables de exteriorizar quién eres, cómo eres, cómo piensas. Por eso, si los has elegido siendo fiel a ti misma y a tu esencia, conociéndote muy bien, elevan el *look,* pero, por el contrario, si no te paras a analizarlos, lo destruyen. De *look* divino a *look* piltrafa. Piensa, si no, en cómo un mismo *outfit* se convierte en otro concepto de *outfit* completamente distinto simplemente cuando le cambias los zapatos. Esa es la razón por la que un mismo vestido puede verse relajado si te lo pones con deportivas o bailarinas o arreglado si te lo pones con tacones o un zapato joya. Por eso mismo, si te compras los zapatos sin cautela y sin darles la importancia que merecen, pueden resultar fatales y ser esa pieza que falla en el *look.* No eres tú lo que falla. Es tu criterio rarito y poco centrado en darles a tu estilo, a tu salud y a tu cuerpo la atención que merecen.

CÓMO ELEGIR ZAPATOS

¿Sabes cuál es la mejor manera de no meter la pata con los zapatos en tu *look*? No meter la pata eligiendo los que te compras.

Los zapatos son el complemento que más sufre la evolución de las modas. Es el más tirano de todos porque evidencia el paso del tiempo mucho más que cualquier otro elemento. Hemos sido convencidas de verdaderas horteradas que lucimos en su momento con mucha felicidad y orgullo, como las botas blancas de suela de goma o las botas de puntera de acero e inspiración *bakala* que se conocían como las Art. Hemos salido de noche llevando Salomon (que ahora vuelven a estar de moda). Y hemos visto cómo los *stilettos* pasaban de punta afilada a punta cuadrada, una y otra vez.

Tener muchísimos zapatos y de todo tipo nunca es garantía de acierto ni solución de nada. Porque si tienes una colección de andamios a los que no te vas a encaramar porque hace decenios que decidiste ir destaconada por la vida, tendrás muchos pares de zapatos en modo museo y cero soluciones reales. De ahí que siempre sea preferible tener poco o poquísimo, pero seleccionado desde el conocimiento y el sentido común de la realidad de tus pies. Ya no vale la pena comprar con el autoengaño de «me los llevo porque como solo los voy a poner un ratito, los aguanto», para acabar llevándote a casa esos zapatos imposibles para ti hoy en día. Da igual que en 1998 pudieras bailar con las plataformas de una *drag queen* y quedarte tan ancha. Habla con tu yo de hoy y deja de hacer compras absurdas. Es el momento de dejar atrás todo aquello que sea susceptible de convertirse en un figurante de tu armario.

Otro factor importante para elegir los zapatos más adecuados es que resulten favorecedores. Que te favorezcan. Porque cada pie y cada pierna es un mundo y no todos funcionan de la misma manera en todas las personas. Un truco fantástico para saber si un zapato te va a favorecer o no es que te lo pruebes en modo pierna. Es decir, como si lo fueras a llevar con falda o vestido. Con la pierna al descubierto. Al probarlos así es más fácil que descubras si se adapta a las proporciones de tu pierna y pie. Porque no hay peor compra que los zapatos que hacen pie de bocadillo, los cuales desvirtúan la forma de tu pie porque lo alargan con respecto a tu pierna y de esa forma aparenta una talla mayor a la real.

Tener en cuenta cuál es tu estilo es tan obvio como fundamental. No puedes comprar la ropa por un lado y los zapatos por otro.

Tiene que haber conexión entre todo. ¿Que vistes formal? Pues incluso las deportivas tendrán una línea más pulida. ¿Que necesitas zapatos respetuosos? Entonces elige los zapatos y que las prendas equilibren con los diseños que escojas. Coherencia. No compres cosas a pegotes. O tendrás un fabuloso armario de recortes que no funcionan juntos.

¿Que tengas que fijarte en tu ropa y en tu estilo significa que debas comprar montones de zapatos en todos los colores del mundo? Creo que pocas cosas me dan más pereza que eso de ir vestida en modo bicolor y meter a los zapatos en la ecuación. Esos *looks* de jersey rojo, pantalón negro y zapatos rojos. Y sonreír triunfante porque vas combinada. Sí, es un *look* fantástico para trabajar como tripulante de cabina. Pero no es un *look estilario*. Claro que tienes que anotar qué colores hay en tu armario. Es positivo que lo hagas. Pero no para comprarte zapatos para cada una de esas combinaciones. Tienes que anotarlos porque, con base en ese total de colores, discernirás qué dos colores (o tres) podrían solucionarte la mayor cantidad posible de combinaciones. Así, verás que unos zapatos negros o marrones pueden ser buenos cimientos, por ejemplo. O que un par de zapatos burdeos puede darle el punto de estilo y contraste a alguno de tus *looks*.

El último tema que revisar en el proceso de elegir los zapatos perfectos tiene que ver con la edad. Rara es la publicación en papel u *online* que no haya dedicado unas líneas a qué ponerse a partir de los cuarenta o cómo vestir con estilo a los cincuenta o qué es lo que no debe faltar en un armario a partir de los sesenta. Pues yo lo voy a resumir en una sola frase: calzado de calidad. Mejor poco y bueno (o aparente) que mucho y malo. Eso aplica en realidad a todo el armario, pero, como estoy hablando de zapatos, más especialmente al calzado.

Además de ser crítica y realista con tu vida, tu salud y tu realidad, para elegir zapatos con acierto también tienes que ser muy crítica, especialmente con su calidad. De todos los mensajes no verbales que puedes emitir, el que más chilla sin palabras es el de unos zapatos cutres. Si tienes el presupuesto ajustado y tienes que empezar a valorar en qué invertir: un abrigo y unos zapatos siempre serán la respuesta.

Los pies de plastiquete son un atentado *estilario* en toda regla. Si eliges zapatos del cutrerío, todos los esfuerzos que hayas podido hacer en tu outfit habrán caído en saco roto. En un infinito saco roto sin salvación. Porque ya te adelanto que un *look* cae en picado con unos zapatos viejos o rotos, pero si son de mala calidad, no hay milagro posible ni remedio alguno.

Si viviste tu adolescencia en los noventa y los dos mil, eres carne de Blanco. ¿Quién de esa época no tuvo al menos un par de petrolíferas bailarinas que ríete tú de la durabilidad del ambientador de Scalpers o de Stradivarius? Aquel olor a plástico no se iba jamás. Pues bien, quizás con diecisiete o veinte años defendías aquellas bailarinas imposibles, poco saludables y menos aún respetuosas medioambientalmente. Pero con cuarenta te adelanto el final del cuento: ahí no vuelvas. Ni a nada que se le parezca levemente. Levanta las manos y ve caminando hacia la salida.

El concepto de calidad al que me refiero va de la mano del presupuesto de cada una. No me refiero a que tengas que hipotecar tus bienes para ir bien vestida. Porque entonces estaríamos diciendo que el estilo es algo exclusivo únicamente para aquellos que tienen presupuestos holgados, y ya hemos visto que no. Que no es así. Se trata más de que dentro de tus posibilidades entrenes a tu ojo en la búsqueda de lo aparente, al menos. Que por lo menos den el pego.

Si, al hablar de calidad en zapatos o en ropa, eres de las que se echan las manos a la cabeza con determinados precios y entonces acabas comprando cutreríos porque son más baratos y se adaptan a tu presupuesto, déjame decirte, querida *estilaria*, que estás cometiendo un error.

Lo primero es que dejes de pensar en el precio como un número. Si te fijas solo en el número y te bloqueas en él, empezarás a escudarte en el argumento de que ese par de zapatos es carísimo. Así que vamos a empezar definiendo qué es exactamente lo que significa ser caro.

Algo caro es que tiene un precio que está por encima de su valor. Por ejemplo, si unas bailarinas petroleras de Blanco costaran cien euros serían caras. Porque precio y calidad distan mucho entre sí. Pero que unos botines de piel, españoles, en los que no entra el agua en invierno y te aíslan del frío, tengan un precio de ciento cincuenta euros no es caro. Es un precio justo. Puede o no encajar en tu presupuesto, pero su calidad y durabilidad avalan ese precio.

Quizás podamos pensar que gastar ciento cincuenta euros en unos botines es una barbaridad. Todo depende de cómo lo veas y de tus circunstancias. Si te compras un único par de botines porque además es un tipo de zapato que usas de forma recurrente prácticamente durante todo el invierno y que te dura, mínimo, durante tres inviernos, ¿te parecería caro pagar cincuenta euros por unos botines con los que vas cómoda, calentita, arreglada y perfecta durante todo el invierno? Te reto a desempolvar todos los *tickets* de compras variadas, de cosas de calidad escasita, que «como eran baratas» se fueron contigo a casa. Suma las cantidades…, fácilmente superas esos ciento cincuenta euros a lo largo de la temporada. Porque compramos compulsivamente cosas baratas e innecesarias sin tener en cuenta el flaco favor que le hacemos a nuestro armario y, por supuesto, al medioambiente. O, peor aún, compramos cosas desordenadas que no necesitamos y que no amortizamos. Eso sí que es tener algo que ha salido caro.

Por eso, cada vez que compres un zapato, míralo a sus ojos imaginarios de zapato y pregúntale si tiene la calidad suficiente para cruzar contigo la pasarela. Si se adapta a tu vida y a tu realidad y si cada euro que vale lo vas a exprimir como a una bayeta de microfibra.

AHORA TODAS SOMOS CHANDALERAS

Las deportivas aparecieron para hacernos la vida más cómoda. O para idiotizarnos en esto del vestir, todo sea dicho de paso. Con aparecer me refiero a cotidianizarse, porque existen desde hace años. Lo que pasa es que han salido de las clases de gimnasia y de las canchas de baloncesto, y de aquellas legendarias y aparatosas J'hayber hemos evolucionado a un sinfín de modelos con los que podrías hasta vestirte de novia. Que con sus promesas de comodidad y rollazo nos arrastran a la compra compulsiva. Y nos arrastran con tal fuerza que ya no somos capaces de visualizar ninguna otra opción de zapatos cómodos que no sean deportivas. Como vamos caminando al trabajo, pues ya tiene que ser en deportivas. ¿Pero vas caminando o es que eres Usain Bolt? A eso me refiero cuando hablo de que un poquito nos han colonizado el cerebro y nos han idiotizado.

Como con el resto del calzado, no debes tener millones de pares. Con dos pares es suficiente. Eso sí, hablo en todo momento de pares *lifestyle*, no de las zapatillas específicas para practicar alguna actividad deportiva. Del mismo modo, tampoco tienes que quedarte anclada en las Converse porque te funcionan. No dejan de salir modelos interesantes que puedes llevar incluso con faldas. Pero siempre pasando por el espejo y probando con tu pierna al aire para verificar que a tus proporciones les gusta la idea.

De entre las falsas creencias que nos han ido grabado a fuego, están las de que las deportivas son para jóvenes. Pues no, *estilaria*. Las deportivas no tienen edad. Son como los ángeles del calzado: no tienen edad, ni género, son atemporales y versátiles. Ellas son las que se acoplan a ti, a tu estilo. Así que siéntete libre de incorporarlas a tus *looks* porque no hay *look* con más rollazo que un pantalón sastre con deportivas, por ejemplo. O un *culotte* con deportivas. O un vestido de punto de largo midi con deportivas.

Eso sí, atenta a esto. Porque es esencial y fundamental que tengas presente que, por un lado, están las que de verdad están destinadas a hacer deporte y las que son la alternativa a los zapatos. Ojito con el «vale para todo» porque de esas decisiones pocas cosas buenas han salido. O al menos, con poco estilo. Las Kalenji tienen su momento si vas al trote en tu incipiente personalidad *soy-runner*, pero ni de broma te las pongas para ir a la calle. Ese *look chic* de pantalón sastre con deportivas es más complicado convertirlo en *chic* con unas Kalenji.

Para terminar, consejitos *estilarios*

Vamos a rezar unas oraciones *estilarias* para que los zapatos sean nuestros amigos y no nuestros enemigos. Truquitos de arranque para llevarnos bien con ellos:

—**Ten unas bailarinas o salones en color nude (o algo similar) para cuando ya puedas ir sin medias.** Porque visualmente se integran con tu piel y alargan y estilizan la silueta.

—**Si quieres combinar botines con faldas o vestidos, presta atención a la altura y ancho de la caña del botín.** Cuanto más bajito en la caña, más holgado debe quedar. Si es cortito de caña y muy pegadito a la pierna, entonces al llevarlos con falda o vestido van a hacer un efecto visual de pie estrangulado que no queda bien. Si los llevas altos de caña, entonces que queden pegados porque así la acortarán menos visualmente.

—**Las botas de caña alta son una buena solución para prendas midi**, tanto vestidos y faldas como bermudas y *culottes*. Porque borran de un plumazo toda duda de cómo equilibrar esos largos con el frío.

—**Si hay algo que hace magia con las piernas, es un zapato escotado.** Que deje el empeine al aire consigue alargar la pierna y estilizarla.

—**Los tacones no son lo único que estiliza.** Ni tampoco tienes que forzarte a llevarlos de evento si no te resultan cómodos o no eres capaz de defenderlos sin dar imagen de persona que sale de la barra libre antes de llegar a ella. Hay maravillosas opciones en plano, con esos efectos de color nude o de escote que acabamos de ver con los que conseguir que visualmente se alarguen centímetros.

—**Las proporciones también influyen en el ancho del tacón.** Está la cuestión de la comodidad, de saber caminar con mayor o menor seguridad con uno que con otro. Pero además de esto, también es importante que te fijes en las proporciones de tu pierna. Recuerda que el equilibrio de volúmenes es elemental para que las prendas fluyan en armonía. De ahí que si, por ejemplo, tienes el gemelo muy ancho o las piernas más gorditas, puede ser que te veas mejor con un tacón cuadrado que no con uno muy fino.

—**Antes de tirar unos zapatos buenos porque están machacados por una vida intensa, prueba a llevarlos al zapatero.** Hay pequeños daños que se pueden arreglar y quedarán impecables para que los uses una temporada más.

Y disfruta con realismo y felicidad de tu zapatero. La capacidad de conseguir que algo funcione con estilo no está ahí fuera. Está dentro de ti y en tu habilidad para elegir bien.

#NOSETEOCURRA

Batiburrillo de perchas.
El barullo visual incomoda
y no ayuda.

7

La hora del cribado. La importancia de saber elegir

M e aventuro a afirmar que no te descubro nada nuevo si te digo que tienes más cosas de las que necesitas. Es más, tienes más cosas en tu armario de las que deberías, porque, en realidad, un gran porcentaje de lo que sigue ahí colgado lleva años calentando banquillo sin esperanza alguna de volver a ser titular. Como los okupas, han colonizado ese hueco y simplemente permanecen ahí. Amparadas en las mil justificaciones bajo el mantra de que quizás se vuelvan a llevar, o que eran una pieza muy buena o que a lo mejor ruedan el *remake* de *El club de los cinco* y no vaya a ser que te llamen a ti de figurante y te pille sin tutú ni mitones de encaje.

Pero es que la ropa es ropa. Y hay que saber distinguir la que tiene sentido que se quede en tu vida de la que está ahí por estar. Tú evolucionas, tus gustos evolucionan, tu vida evoluciona.

Hacer un cribado de la ropa es elemental para que puedas definir tu estilo. Si tienes un armario que parece un mercadillo o Primark a la hora de cierre un sábado por la tarde, es imposible que puedas analizar nada. El concepto de contaminación visual se queda corto en esa situación. Así que empieza por vaciar el armario. Entero. No quiero oír suspiros, bostezos, ni disculpas. Hazlo cuando tengas tiempo y puedas llevarlo a cabo, pero hazlo. Vacía todos los armarios y rincones de tu casa en los que guardas y almacenas ropa. Porque quizás seas de las que tiene ropa en cada armario o cajón de la casa. Porque la sombra de la ropa acumulada es alargada y se extiende más rápido que el chapapote.

Vaciarlo es muy necesario porque al hacerlo te haces consciente de la realidad de tu ropa y de cuántas cosas has ido acumulando con el tiempo. Sobre todo, te das cuenta del número de prendas innecesarias que hace años que no usas porque no te valen o no te definen. Muchas de ellas fueron gangas estupendas que han terminado resultando caras. Esas que están calentando banquillo y que van de cambio de armario a cambio de armario en un bucle sin fin. Son la personificación del «no vaya a ser». Cuando la realidad es que, si te hablas con sinceridad, tienes más que claro que jamás te lo vas a poner de nuevo. ¿A quién quieres convencer? Al vaciarlo visualizarás más claramente lo que tienes. Hay mucha ropa que se va manteniendo oculta entre las perchas sin más función que engordar el armario y convertirlo en poco manejable. Ropa que lleva años contigo sin que estés teniendo en cuenta que tú ya no eres la de hace 20 años. Ni tú, ni tus gustos, ni tu vida. No te melancolices por ello. Pero ver esa realidad es primordial y solo la descubrirás si sacas todo de sus escondites.

Para cribar hay que ponerse un poco en modo Terminator. No me refiero a que dispares a diestro y siniestro contra lo que cuelga de tus perchas, pero sí que te despojes de tus emociones. Que actúes con objetividad, con la frialdad de Arnold y su cara metálica. No que te pongas radical tirando toda tu ropa. Que sí, que ver el armario vacío nos puede dar temblor de piernas y sudores fríos, y que consideramos que todo sería más fácil si tuviéramos un lanzallamas. Quemarlo todo. Empezar de cero. Como en las películas alemanas de después de comer, en donde siempre hay alguien que se cambia de nombre, se va a otro país y empieza una nueva vida. Pero mi bola de cristal dice que ya puedes quemarlo todo, pero que, como le pasa a la incauta de la película, volverás a llenar tu armario con los mismos errores de ropa. Porque si no aprendes a solucionarlos, nunca podrás salir del bucle. Tu cerebro tiene un chip activado y, o lo reseteas, o seguirá repitiendo patrones. Y no te vas a pasar la vida incinerando contenidos de armario. Así que ponte en modo *Karate Kid*, respira desde tu diafragma, visualiza cuantos saltamontes necesites (aunque aquí estoy metiendo también a *Kung Fu* en la historia, pero todo queda en Oriente) y sé realista con el valor emocional que le otorgas a cada cosa. Que ni tienes que incinerar todo ni tampoco buscarle una disculpa a todo para no tirarlo.

En esos montoncitos en los que vamos colocando la ropa («la quiero, no la quiero»: el momento margarita de armario) habrá algunas prendas que tienen más años que la pana, pero que nos traen recuerdos. Claro, eso no se tira. Pero tampoco se guarda en el armario.

Yo soy mucho de guardarlo todo. Me gustan los recuerdos de los sitios que visito, las tarjetas, recortes, cosas que luego me sirven para evocar el viaje o la experiencia. Pero no los meto en el cajón de la mesa de trabajo. Ni tampoco en los cajones en los que tengo la ropa. Los guardo en una caja destinada a los recuerdos. Y con la ropa, igual. Tengo prendas de las que no me deshago porque tienen un simbolismo especial, como el vestido que llevé en la boda de mi mejor amiga María y que fue el mismo que usé en el bautizo de mi hijo. Era un vestido de Comptoir des Cotonniers en color verde agua que me chifla, pero que está ya trabajadito y sufridito porque después de esos dos eventos lo usé mucho más (lo habría usado hasta de pijama, de lo mucho que me gustaba). Es más: en la primera foto de perfil que publiqué con mi cara en El Estilario, allá por el año 2010, llevaba ese mismo vestido. Pero, como me trae buenos recuerdos y tiene un significado especial, lo tengo guardado en una caja con otros recuerdos. O también un traje de top y pantalón pitillo tobillero en azul petróleo, en seda salvaje, de Mango; lo llevé el día en que mi prima Sara hizo la comunión y luego lo usé para mi graduación en la universidad. Me gusta conservarlo porque, además de que sigue siendo una pieza súper actual que no ha envejecido nada, me recuerda a que a la comunión de mi prima fui con ese top de manga sisa y una maravillosa marca del sol a medio brazo. Me traslada a esa tarde anterior en la que fui a ver la Copa Davis en A Coruña, en uno de los pocos días intensamente soleados del año en la ciudad con mayor porcentaje de días nublados del mundo. Y claro, el polo de manga corta que llevaba se encargó del resto. Mi bonito moreno de brazo de ciclista inmortalizado en todas las fotos de ese día.

La vida está llena de recuerdos y cuantos más años cumplimos, más recuerdos tenemos. Lo que no significa que tengas que dejarte arrastrar por el síndrome de Diógenes o mudarte a la Casablanca para tener habitaciones suficientes en las que guardar todo lo que te trae recuerdos. Para eso también están las fotos, que ayudan a recordar prendas con las que vivimos momentos especiales. Sin tener que guardar cada falda o cada camiseta. Porque sentimentalismos sí, pero mutar en loca de los gatos, no.

ENTONCES, ¿CÓMO CRIBAR?

Si acumular por acumular no tiene sentido alguno, tirar por tirar tampoco. Cuanto más lleno tienes el armario, más pereza te da bucear en él. Y esto te lleva a comprar sin fin porque siempre tienes la sensación de que te falta algo y de que no sabes qué ponerte. Así ocurre que, cuando ya sientes que es inabarcable, te entren los instintos de mandarlo todo a la basura y empezar de cero. Pero si, como te he dicho, acumular no tiene sentido. Tirar por tirar tampoco.

Plantéatelo como un juego de «Cruza la pasarela». Con ese armario ya vacío de todo, puedes hacer ese ejercicio previo a meter de nuevo las cosas en el armario, para saber qué mantienes y qué no. Para cribar. Tendrás que ir prenda por prenda para decidir en cuál de esos cuatro montones se queda:

—**Me gusta y me lo pongo.**

—**No me gusta y no me lo pongo.**

—**Me gusta, pero ya no va conmigo.** Si ya no te pones faldas desde Petete, ¿por qué guardas tantas faldas? ¿Por si te vas a vivir a Escocia y quieres crear un clan?

—**No sé qué hacer con esto.**

Para la última de las opciones, que es la que más dudas suele suscitar, puedes hacer un ejercicio para deshacer el bloqueo: ¿qué te quedarías si solamente pudieras salvar de tu armario lo que cabe en una maleta?

Esto te va a dar más información de lo que crees sobre tu estilo y el concepto de tu armario. Porque si esa prenda no tiene hueco en ninguna de tus imaginaciones de maletas posibles, ya la puedes enviar a alguno de los otros montones del descarte.

Si aun así no te queda claro si eso merece estar o no en tu armario, entonces, presta atención a lo siguiente:

— **Espejo:** Los cribados se hacen mirándonos en el espejo para saber si esa prenda no la estamos usando porque no favorece a nuestra silueta o porque no es de los colores que nos quedan bien. Y contra eso, no hay salvación. Este cribado es impepinable.

— **El tiempo:** ¿Cuánto tiempo hace que no te pones eso? Si pasan las temporadas y los años y ahí sigue de paseo porque no termina de encajar en ti…, quizás no te puede chillar más alto: «¡Déjame ir en paaaaaz!».

— **El sentido común:** Aquí, amiga, tienes que entrenarte. Porque si mantienes la mente fría y eres sincera delante del espejo, te puedo asegurar que poco a poco irás consiguiendo el armario que te defina y que se enmarque en tu estilo.

Mención aparte merece la ropa que normalmente no se usa. Esa que mantenemos y que más se agarra al «por si acaso». Como la de los eventos o situaciones más especiales: ropa que has llevado a bodas, a una gala, a una fiesta. Con esa hay que educar nuestro ojo crítico para:

—Saber si se sigue llevando o ya nos sentimos demasiado Modern Talking con ella. No es lo mismo conservar una joya ochentera porque era un diseño de Manuel Piña, que guardar el traje de hombreras extremas que no tiene ni una calidad especial, ni un corte llamativo, ni nada que lo haga susceptible de salvarse más allá de para una fiesta de disfraces. Y el cebo de «¿y si se vuelve a llevar?» es muy peligroso. Porque, vamos a ver, si nunca te ha gustado, si nunca te lo has puesto, ¿tú crees que, si en algún momento vuelve, te lo pondrás? En tu estilo propio no mandan las modas, manda tu esencia.

—Si ya no es tu talla o nunca más jamás de los jamases lo vas a usar, salvo que sea un recuerdo (y entonces, ¿qué hace ahí? ¡A la caja de los recuerdos!), ya no tiene sentido que esté ocupando espacio. La talla, talla es. No dice nada de ti. No te hace peor persona ni tiene ningún significado que con la edad hayas cambiado de peso. Mirarte en tu yo del pasado (un yo que además ya has vivido) es solamente un freno para ti. Es una piedra con la que te estás obligando a tropezar y que no te deja seguir avanzando en línea recta.

—Si se nos sigue enamorando el alma cada vez que la vemos por el significado emocional que tiene, pero no tiene sentido en nuestra vida.

Si eres crítica contigo misma, en ese modo Terminator, tomarás la decisión correcta porque darás la respuesta adecuada a cada uno de los supuestos. Por eso, si la respuesta es un NO, tienes que quitarlo del armario. Eso es cribar. Y lo regalarás, lo donarás o lo venderás. Pero no estará más en tu armario.

Los cribados tienen también sus peligros más allá de las consecuencias de tirar sin criterio. Están los daños colaterales de los cribados ajenos. Esos que son fruto de cuando tu madre, tu prima, tu amiga o Paquita la del barrio deciden cribar su propio armario y hacen una bolsa de ropa con toda la buena intención de «esto seguro que a ti te encanta y te viene muy bien». Y así acabas adoptando cosas que quizás sean fantásticas para ti o quizás sean un error mayúsculo. Es más, seguro que, en este cribado que estás haciendo, sale alguna que otra herencia fallida que aceptaste en su momento.

Lo de «a caballo regalado no le mires el diente» está prohibido en un armario *estilario*. Las bolsas del cribado ajeno se analizan con lupa y con la mentalidad Terminator. Despójate de tu alma si hace falta y sé ultrasincera contigo misma. El mandamiento número uno dice que solo te quedarás aquello que 100 % te comprarías y te representa. Si por tu mente empiezan a aparecer los subtítulos de «bueno, para estar por casa»: NO. Que no. Que no te dejo. No guardes cadáveres. No rellenes tu armario de fallos.

Así que, cuando te vayan a dar ropa, entona el NO sin miedo hacia aquello que no te favorece, no es de tu estilo, no es de tu color, no te vale de talla, no está en condiciones de uso aceptables y decorosas, no te gusta…, porque tendrá otro hogar. Si no es el tuyo, tendrá otro. Pero no acojas sin criterio. Ni pena ni peno.

El peligro de la herencia también está relacionado con la identidad prestada. Cuando te dan ropa (y sobre todo, si te dan mucha ropa), te conviertes en una especie de contenedor de Humana. Con un batiburrillo de cosas que sí, que sirven para vestir. Que tú vas acogiendo porque te lo van regalando y, claro, como está en buen estado y es bonita, y es nueva, y te han vendido la moto de «mira, mujer, está perfecta y te va estupenda», pues te la quedas. Entonces, como ya tienes jerséis, camisas, pantalones…, dejas de comprar porque no necesitas realizar ese gasto. Sin embargo, te olvidas de algo importante. Te estás vistiendo de otra persona. No de ti. Y con esto no me refiero a que solamente consigas tener personalidad propia si te vistes con ropa comprada. No. Tienes personalidad propia con ropa que tú hayas elegido. Da igual que venga de una bolsa de donación, de un mercadillo o de una tienda de segunda mano. Siempre y cuando hayas hecho tú la selección. Así que cada vez que alguien te dé una bolsa de ropa, cada vez que se acerque una herencia a tu vida, actúa con ella como si fueras a pagar por cada prenda. Con el mismo nivel de exigencia.

LA GUERRA A LA PELOTILLA Y AL «ESTO VALE PARA ESTAR EN CASA»

A ver si es que vives en un basurero y no me he enterado. Tu casa y tú misma en tu casa os merecéis el máximo respeto y cariño. Que yo sepa, no vives en una montaña de basura ni tampoco te pasas el tiempo friendo pescado (es la típica disculpa absurda de por qué la gente utiliza ropa asquerosa para estar en casa y que yo jamás entenderé. Pues si fríes pescado, la echas a lavar después, ¿no? Y si te vas a manchar de salpicaduras, te pones un delantal). Por eso, destierra de tu mente la etiqueta de «esto para estar por casa» aplicada a ropa sucia con manchas que no se van y a ropa con pelotillas. A nada con lo que te morirías de vergüenza si tuvieras que salir de repente a la calle.

En ese momento de cribado salen prendas que nos gustan mucho, pero que ya no son adecuadas para salir a la calle. Tienen pelotillas, algún roto, se han manchado de grasa o similar y el manchote se ha quedado ahí para siempre porque ya no se elimina ni con los consejos mágicos de La Ordenatriz..., pero nos gustan. Y nos puede el valor emocional que adornamos con una idea de bombero: que se convierta en una prenda para estar en casa. No es viable, por varias razones.

La primera es de cajón: si no vale para la calle, no vale para casa. No rebajes tu dignidad. Que no hay peor cosa que mirarse al espejo de repente, cuando estás en casa, y encontrarte con una imagen cutre de ti. Con ese jersey dado de sí y con más pelotillas que un teleñeco.

La segunda es que hay tejidos que no son para estar en casa. En casa tienes que estar guapa y cómoda. Así que un top de poliéster no es quizás lo más indicado para ello. Existen fantásticas opciones para tal cometido. No es que tengas que vestir de chándal: hay *joggers* de franela para invierno, vestidos de algodón para verano, camisetas y jerséis ligeros…, todo de fácil lavado y confortables. Todas las temporadas dedico contenido en Privilegio Estilario destinado a darte ideas para vestir de forma digna en casa. Porque si en cada uno de los momentos de tu vida te sientes con estilo, tu armario será siempre una prolongación de ti misma, de tu esencia.

Que, a ver, no seré yo la que te contradiga si te quieres vestir en casa en modo Joan Collins. Con tus boas de plumas incluidas. Pero sí que te adelanto que eso y freír pescado no lo veo compatible en absoluto.

Y sé realista. ¿Cuántos conjuntos necesitas para estar por casa? Porque, cuando hago sesiones presenciales en los armarios de mis clientas, me suelo encontrar con más ropa destinada a estar en casa que para salir a la calle. ¿De verdad necesitas todas esas chaquetas de punto? ¿Tantas sudaderas?

EL FONDO DE ARMARIO

Importante concepto con el que muchas veces nos hacemos un lío y se acaba convirtiendo en ese cajón de sastre en el que metemos todo aquello que no tenemos demasiado claro qué hace ahí, pero con eso de que le asignamos la etiqueta de «fondo de armario» lo disculpamos. Y con esta definición te quedas tan pancha ante esa compra absurda, pero muy barata, o absurda porque tienes cero unidades de posibilidad de ponértelo en alguna ocasión: como un vestido perfecto por si en algún momento tienes que presentar uno de los premios Goya. Es un fondo de armario, sí. Pero no TU fondo de armario.

El fondo de armario en realidad se trata de un conjunto de prendas que funcionan en muy diversas situaciones de tu vida (y subraya esto porque es un concepto determinante) y que se mantienen frescas al margen de modas y tendencias. Son los salvavidas de *looks*: ese vestido que sabes que te favorece y que lo mismo te lo llevas a una comida de empresa que a una invitación repentina a la comunión de niño *random* número Pi. Puede ser que se trate de una prenda que utilizas muy a menudo o puede ser que te la pongas muy raras veces. Pero siempre ha de ser una prenda que sea de tu talla, de tu realidad para solucionar ocasiones puntuales o habituales, que te favorezca, que se mantenga actual. Que si te la tienes que poner, puedas hacerlo porque sigue funcionando.

El fondo de armario se cocina a fuego lento. Es decir, no se sale de compras en su busca y captura y se vuelve ya con todo lo necesario para tener el fondo de armario perfecto. No existe la tienda del fondo de armario en la que se pide cuarto y mitad de un buen fondo de armario. Es el resultado de compras que van surgiendo poco a poco. Por eso, para que tengas el ojo avizor y entrenado nivel águila y que así se active cuando estés de compras y localices la presa soñada, que es la ganga adecuada o la prenda pincelada final de tus *looks,* es importante que conozcas todo el contenido de tu armario. Que tengas muy bien analizado lo que tienes, que tu estilo propio esté perfectamente dibujado. Porque así tendrás tu lista mental siempre preparada para que, en esos momentos en los que estás de compras, se active tu radar. Quizás te haya pasado que quieres comprarte algo, que sales con ganas de comprarte algo pero ese «algo» no tiene nombre. Que te frustres pensando que para una vez que te apetece gastarte el dinero no encuentras en qué invertirlo. O que no sabes exactamente qué buscar. Pues todo eso se soluciona siguiendo el proceso que estamos viendo paso a paso en este libro y que te lleva a conectar con tu esencia para manifestarla con tu ropa. Mis fondos de armario los he ido comprando en *showrooms*, ventas especiales, *outlets* en los que he estado coincidiendo con algún viaje…, y de ahí han salido prendas, zapatos y complementos. Compras fantásticas a las que he recurrido en muchas ocasiones y de las que no me canso. Mis niñas bonitas.

Todas ellas son prendas funcionales, versátiles y atemporales que también son de calidad. Porque así sí podrán quedarse durante años en el armario. Si tienes que tatuarte algo y te has quedado sin ideas, esos cuatro conceptos son el evangelio del fondo de armario. Es decir, la prenda fondo de armario ha de ser la suma de cada una de esas variantes: funcional, versátil, atemporal y de calidad. Las cuatro. No te refugies solamente bajo la disculpa de la calidad. No vale de nada que te compres algo que sea de calidad excepcional si nunca lo vas a poder encajar en tu vida. Como pieza de museo, fantástica. Pero el objetivo no es tener un armario de coleccionista.

#NOSETEOCURRA

Trillones de pares de calcetines.
Mesura y sentido común.
Y sin piedad con los que están rotos
o transparentosos. Guerra al tomate.

8

Básicos
y tendencias

S i aún estás deshaciendo el nudo mental de tus perchas intentando discernir si lo que tienes es o no fondo de armario, respira hondo y toma asiento porque acabo de invitar a la fiesta a los básicos y al armario cápsula.

EL ACEITE DE OLIVA DEL ARMARIO: LOS BÁSICOS

Ya lo he puesto de ejemplo, pero es verdad, el aceite de oliva es ese ingrediente que marida con todo y que se adapta a todo. Es la gloria de la cocina. Por sí solo es verdad que funciona y es puro privilegio de cocina, sin necesidad de mayores acompañamientos. Pero sus posibilidades se multiplican y se convierte en la bomba junto con el resto de ingredientes. Pues con los básicos del armario pasa exactamente igual.

Ahí es donde radica la gran diferencia entre básicos y fondo de armario, y es en el error en el que incurre la mayoría de la gente cuando hace referencia al fondo de armario. Frente a este, el armario base (o los básicos de armario) son los cimientos de tu armario de temporada. Son tus favoritos de la temporada, las prendas que marcarán el camino de las compras que se vayan incorporando. Es la línea de vida que mantiene la cohesión entre toda la ropa que tienes en el armario.

Los básicos son tu aceite de oliva. Los esenciales que vas a utilizar para combinar con todo lo que te vayas comprando. Son el soporte de cada uno de tus *looks* esa temporada. Tienen una mala fama que se les ha asignado y que no tiene nada que ver en absoluto con su auténtica razón de ser. Porque se asocia el concepto de básico al concepto de «ser básica». De vestir sosa o de ir siempre igual. Y déjame decirte que eso es una mentira del tamaño de Barcelona.

Para empezar, los básicos son selecciones individuales, de cada persona. Que no tienen por qué ser los mismos para todo el mundo. Eso es porque tienen que conectar con el estilo y los gustos de la dueña del armario. Que lo mismo para ti el aceite de oliva es fundamental, pero para otra es el aceite de coco. Aquí cada una cocina con lo que quiere. Entonces, no son prendas neutras en el sentido de impersonales. Son prendas andamio, prendas esqueleto, el *leitmotiv* sobre las que colocar todo lo demás. Por eso tienen que armonizar contigo y con tu estilo.

Tampoco son prendas sosas. Básico no es soso. Soso es el resultado de tu mala maña eligiendo la ropa. Porque dos pantalones negros pueden ser básicos, obviamente. Pero lo que conseguirá que con uno te veas estilosa y con el otro te sientas como una azafata de congresos es el tejido y el diseño. Ambas prendas cumplen con su función de esqueleto de armario, pero una lo hace con más estilo y no como prenda plana, como la otra. Por eso, del mismo modo que pasaba con el fondo de armario, tampoco pretendas construir tu armario de básicos en una sola tarde. Quizás suceda y tengas esa suerte. O quizás tengas que esperar a que aparezca LA falda o EL pantalón perfecto para tu estilo. Con el que te sientas bien vestida. Para que, tanto si lo acompañas de otras tendencias divertidas como si simplemente lo llevas con otros básicos de tu armario, el resultado te haga sentir especial.

Te adelanto que, cuando llevas años acostumbrada a las mismas prendas sosas de siempre, dar el salto a diseños distintos (como pasar de los vaqueros pitillo a los *mom fit*, por ejemplo) cuesta. Porque tienes que reeducar el ojo a esos nuevos cortes. Tienes que pasar tiempo de espejo analizando tu nuevo estilo, sin buscarte en la imagen que eras, en la del pasado llevando esas otras prendas. Salir de lo fácil y lo cómodo. Porque estancarte en esa actitud es frustrante y no te deja avanzar. Ni siquiera te brinda libertad para que puedas analizarte de forma objetiva.

Cuando ya consigas definir tus básicos, tendrás la coherencia de espejo necesaria para que no te sientas disfrazada. Llegar a esa meta de reconocer tus básicos es también haber casi conseguido definir tu estilo. Y puede parecer complicado o, *a priori*, imposible. Como si te pusieran en las puerta del desierto y te dijeran «hala, ahí te apañas». Por eso, tampoco te frustres si ves que no te sale en una tarde. Ni en unos meses. Es un proceso que tienes que ir realizando capítulo a capítulo. Y aunque al principio todo parezca una maraña, se trata de estar ahí, en ese camino.

En esa coherencia de espejo resulta determinante que tengas un poco de coherencia también contigo misma. Es todo mucho más complicado si un día te levantas creyéndote Olivia Palermo y, al día siguiente, Amy Winehouse. Porque, con esa actitud de transformista, tendrás un armario más parecido al almacén de Cornejo que al armario de una persona de a pie.

Por otro lado, escúchate y no vayas contra corriente porque todo va a ser más complicado, entonces. Puede ser que te encante Kate Moss. Que cada vez que veas a Kate Moss quieras emularla. Pero puede ser que tu realidad vistiendo esté más cercana a la de Tamara Falcó. Que, por mucho que te gustaría llevar el pelo desordenado, el rollo canalla, los pantalones rotos y ese aire desaliñado, a ti lo que te sale y lo que defiendes muy bien es esa elegancia femenina, el equilibrio perfecto entre prendas y eres más de camisa blanca que de camiseta de grupo punk. Puede gustarte un estilo, pero no ser tu estilo. Igual que a mí me encanta cómo huele el café, pero no soporto tomar café. Así que no te fuerces. Porque todo lo que metemos con calzador luego se nota. No se defiende. Y es ahí cuando aparece el disfraz. Escúchate y poténciate. No tienes que disfrazarte de nadie para conseguir ese bienestar contigo misma que quizás estés buscando. Todo lo que necesitas lo tienes ya. Solo debes montar el puzle con todas las piezas para disfrutar del resultado.

Un básico bien pensado y coherente contigo misma es un salvavidas de armario y una inversión de futuro que ríete de la Bolsa. Los buenos básicos van a salvarte de todo lo siguiente:

—**De perder tiempo cada mañana mirando al infinito con ojos de pescado.** Mirada vidriosa con la que no vas a sacar nada en claro. Porque tendrás un armario bonito, con una bonita base que siempre te parecerá apetecible para vestirte.

—**De gastar de forma loca e innecesaria.** Son la toma de tierra de tu ropero. El sentido común de prendas bien diseñadas que limitan las posibilidades de comprar sin objetivo. Marcan el camino de la armonía cromática de armario y así limitas las posibilidades de empezar a meter colorines sin pies ni cabeza.

—**De comprar mal.** Tener una base de armario sólida nos da seguridad para seguir explorando nuestro estilo delante del espejo, que es la mejor manera de no terminar comprando lo que no nos define y no nos termina de gustar.

¿A que ahora ya no los ves como los hermanitos pobres del armario?

LA FIESTA DEL COLORÍN

Si tú eres de las que viven fascinadas por los colores y los estampados, también tienes madera de básico aunque no lo creas. También necesitas tener tus propios básicos de armario. Lo único que tienes que hacer es definir el camino de TUS básicos. Tus imprescindibles de temporada.

Otro asunto distinto es el de refugiarte en la compra de prendas de colores y estampados porque consideras que de esa forma solucionas la sensación de que tu armario es soso. Pues déjame decirte que no es soso porque le falte color. Es soso porque la ropa no está bien elegida. Así que, mientras no definas tu camino de estilo, solo meterás pollos sin cabeza que no serán capaces de darse la manita con nadie más en tu armario. Si no sabes hacia dónde vas, puedes tener la mejor brújula del mundo, que no te va a llevar a ningún lado.

Es en ese momento del cribado, en el que vaciabas el armario para analizar su contenido, en el que puedes estudiar el estado de tus básicos. Si tienes o si te faltan. Y también puedes ir formando montoncitos por colores y por estampados. De esa forma, no solo vas a reconocer extrañas compras y decisiones porque no guardan coherencia con nada más de lo que tienes, sino que verás cuáles son esos colores y estampados que inconscientemente más repites. Y podrás valorar si reincides por inercia o porque te definen. Verás también si ese afán por el colorín tiene sentido y armonía o solamente fue un camino erróneo en busca del salvavidas de armario, porque se trata de elementos sueltos que no guardan coherencia ni en estilo ni en color con el resto de prendas.

¿Es obligatorio tener estampados y colores para que tu armario gane en combinabilidad? No. En absoluto. Es una cuestión de gusto personal. Vaya por delante que las rayas y los cuadros son también un tipo de estampado. Que no son solo las flores o los cachemires. ¿Cómo puedes decidir si eres de estampados o eres más de lisos? Con esos montones de prendas al vaciar el armario. Cuando juntes las prendas estampadas, analiza las que tienes y repasa las veces que te las has puesto. Y de esas veces, repasa de nuevo cuántas te las has puesto a gusto y no como escapada fácil. Porque es *vox populi* que las camisetas de rayas son el recurso sencillo para sentirte que llevas ese toque francés que da estilo. Pues refugiarse en ellas no es garantía de nada. Del mismo modo que terminar todas las palabras con un sufijo en -ini no te convierte en italohablante.

Si respondes a las siguientes cuestiones, tendrás el resultado de la investigación y a tu expediente de armario (y puedes darle mayor sobriedad al momento si lo lees con la voz de Glòria Serra):

—Si tienes muchos estampados y no te los has puesto apenas, es que es obvio que no te gustan y que te los has comprado en busca de aportar el toque de estilo a tu armario. Dando palos de ciego.

—Si tienes estampados y te los pones y, además, los disfrutas, entonces deja de invertir en ropa plana y *minimal* porque desconciertan a tu armario y así es imposible dotar de coherencia a ningún estilo.

—Si tienes muchas camisetas de rayas (y quizás sea el único estampado de tu armario junto a algún que otro pantalón o americana de cuadros), pero no te da felicidad verlas porque te refugias una y otra vez en ellas como *look* socorro: entonces es que tus básicos están flojos, son sosos y necesitan un aire fresco en cuanto a su concepto de diseño y tejido. Es el momento de analizarte y pensar cuál es tu estilo. El «quiénes somos, de dónde venimos» del armario.

¿Vale de algo comprar más de lo mismo? No. Pero tampoco vale de nada que compres lo opuesto si es una decisión que tomas sin criterio.

EL ARMARIO CÁPSULA

Al armario cápsula podríamos dedicarle un libro entero. Como no vamos a meter manzanas cuando estamos hablando de naranjas, simplemente voy a dejar alguna pincelada para contextualizar el concepto.

Sobre el armario cápsula se han escrito y se escriben palabras y palabras. Ahora que está muy de moda hablar sobre armarios sostenibles, moda sostenible, compras responsables y mil términos más que están todos bajo el mismo paraguas: el del sentido común; el armario cápsula cobra especial protagonismo porque nos lo presentan como la solución a comprar sin sentido. Que si

Thanos levanta la cabeza, monta una guerra que ríete tú de la última que lio en Marvel con tal de conseguir ese poder. Pero, como todo poder conlleva una gran responsabilidad, no puedes ponerte a montar un armario cápsula sin saber quién eres, qué te gusta, qué te define y qué quieres comunicar. Todos esos árboles vienen de la misma raíz.

Porque yo sentencio que no existe un armario cápsula único y universal como tal. No hay un listado cerrado, genérico y general sobre el armario cápsula aplicable a todos los seres humanos de género femenino. Pero sí existe nuestro armario cápsula, que, junto con los básicos, son esas prendas que te solucionan tu día a día.

Claro que si te digo esto, podrás subir la ceja y preguntarte entonces cuál es la diferencia con respecto a los básicos de armario. Porque leído así suena un poco a lo mismo. La diferencia está en que los básicos son más fluctuantes. Los básicos pertenecen a la temporada. Son las prendas que, EN ESA TEMPORADA concreta, solucionan tus *looks*. Son los esqueletos de tus *looks* de cada temporada. Son los esenciales de cada cambio de armario. Lo que no significa que tengas que renovarlos todos los años. Por ejemplo, un vaquero como concepto es un básico. Pero un pitillo era un básico hace diez años y ahora lo es un *wide leg*, por ejemplo. Se adaptan a modas y temporadas.

Mientras que la cápsula son los esenciales de SIEMPRE. Son esas prendas con las que podrías sobrevivir tu vida entera. La base de tu estilo propio. Que tendrías que ir reponiendo porque se estropean o rompen, porque constituyen tu esencia. El oxígeno de tus perchas. Tu muñequito de apego. En mi caso, es una camisa blanca masculina, por ejemplo. Unos salones nude. Un pantalón negro vaquero. Una camiseta de rayas marineras. Esas prendas sí o sí están en mi armario todo el año. Sea cual sea la estación del año. Son mis recursos salvavidas, mi seña de identidad. Mi firma *estilaria*.

Y en cambio, no tengo los mismos básicos cada año. Este invierno han sido mis básicos una falda de piel, un pantalón masculino negro, un jersey camel de cuello a la caja y un chaquetón tostado. Así, por organizarlo visualmente, si dibujamos una pirámide con las cosas de armario, en la base colocamos al armario cápsula, sobre él, los básicos, luego las tendencias y, por último, el fondo de armario. Una escalera de apego y uso.

Con esto no te hagas un lío. Saber diferenciar unas de otras no te va a servir para vestir mejor o encontrar tu estilo. Son un medio, son un camino, es una manera de ir clarificando el contenido de tu armario que te puede ayudar en el momento de realizar el cribado. Así, al vaciar el contenido del armario esquematizarás lo que tienes y será mucho más abarcable que intentar comprender una montaña de ropa.

Piensa que no tienes que ponerle etiquetas a la ropa ni separarla en habitación-básicos y habitación-cápsula. Al principio las fronteras van a estar un poco difuminadas. Pero poco a poco empezarás a entender estas divisiones y te facilitará el trabajo de visión de conjunto. Te ayudará mucho, además, en el momento de ir haciendo listas de compras futuras.

Además de comprar mejor, tener claros tus conceptos de armario te va a simplificar tu vida diaria, así como el momento de hacer maletas. Porque un armario cohesionado es un armario manejable en el que no hay nada que no conozcas. Así podrás montar *looks* más rápidamente y con más éxito. Porque de un armario caótico salen maletas enormes, cargadas innecesariamente y con un contenido poco útil porque en destino siempre faltan cosas y es común tener que salir en busca de un Zara. Por el contrario, de un armario cohesionado, salen maletas triunfales. Maletas *estilarias*, como las de mis cursos.

LAS TENDENCIAS

La tendencia es lo que se lleva. Así de sencillo. Entran cada temporada y a veces se convierten ya en una moda, o en un clásico. Como lo *cowboy*. Que va, viene, vuelve, se queda oculto un tiempo, estrenan *Yellowstone* y ya todo el mundo se aficiona y de repente volvemos a escuchar *country* y nos creemos Sheryl Crow..., y así en bucle. La tendencia es como el menú del día. Siempre parece que es nuevo aunque se repita por ciclos. O como los platos fuera de carta, que puedes decidir elegirlos porque te resultan apetecibles frente a los que siempre están en el menú.

La tendencia está en las tiendas para divertirnos. Para darle vidilla a las temporadas y a nuestros básicos. No es un juramento eterno inapelable. No estás obligada a seguirla a pies juntillas. Ni tampoco te castigará ningún ser supremo si no la respetas. La tendencia enriquece tus básicos, los actualiza, los refresca... siempre y cuando concuerde con tu gusto y tu estilo. Pero que en tu armario no haya ni una sola de las tendencias de la temporada no te va a convertir en ningún ser desactualizado, ni en una antigua. Es como si en ese menú fuera de carta hay judías verdes y tú las detestas, pero te las comes porque se supone que si están fuera de carta es porque son muy especiales. Decisiones absurdas y forzadas: no, gracias.

En nombre de la tendencia también tomamos decisiones amparadas en la disculpa cuando en ese momento del cribado no sabemos muy bien qué hacer con nuestra ropa. Entonces, sacamos el comodín de «¿Y si se vuelve a llevar?». Pero no. Las cosas que se vuelven a llevar lo hacen siempre renovadas. Y salvo que sea una pieza *vintage* o de colección, se verá anticuado, pasado de moda y rescatado de los terrores del armario pasado.

Otro error es que las tendencias no son esas compras destinadas a sacarte de tu zona de confort. Que te entra el flus y, sin analizar primero ni tu ropa, ni tu estilo, decides comprar lo que recomiendan en el enésimo perfil de Instagram que has visto tomando café, porque crees que como se lleva te va a salvar ya de tu hastío de espejo. El camino que se suele tomar cuando se tiene la sensación de ir siempre vestida igual, porque crees que la salida está en empezar a comprar estampados o prendas tendencia. En cambio, si esa selección no la haces de forma consciente ni teniendo claro tu estilo propio, será muy complicado definir qué elementos encajan realmente en el puzzle. Si no lo haces así, cada vez que te vistas con alguna de esas prendas que has elegido sin analizar tu objetivo de estilo, el resultado será un *look* forzado. No saldrán naturales. Fallarán. Y el efecto rebote será que terminarás recurriendo a la misma ropa una y otra vez.

Con la tendencia puedo decirte que seas fiel a tu instinto, que te permitas disfrutar de ella como capricho de armario que es. Quizás la uses solo una temporada porque la aborrezcas de verla hasta infinito (como la famosa cazadora amarilla de Stradivarius, que, a pesar de haber pasado ya casi veinte años, sigue presente en nuestra retina). O quizás la acabes incorporando y adoptando ya como uno de tus básicos. Pero eso sí, actúa con mesura. No conviertas tu armario en un crisol de cosas que se llevan o te esclavizarás a un espejo mutante y tu estilo se diluirá y será mucho más complicado de articular. En el armario, como la dieta mediterránea: un poco de todo pero en su justa medida.

#RECUERDAQUE

Los básicos son tu aceite de oliva.
Los esenciales que vas a utilizar
para combinar con todo lo que te vayas comprando.
Son el soporte de cada uno
de tus looks en la temporada.

#NOSETEOCURRA

No estrenar porque es nuevo.
El momento de estrenar es cada día.
No guardes por si acaso ni para la ocasión.
Hoy es la ocasión.

9

La compra
consciente

La historia de la compra consciente podría comenzar con la sempiterna discusión de ¿qué fue antes: el huevo o la gallina? Porque la causa de un armario lleno, frente al que te quedas plantada como un cactus sin saber qué ponerte y con la sensación de que no tienes nada a pesar de ver mucho contenido, es consecuencia tanto de que tu armario no está equilibrado como de que no has comprado de forma consciente. Por eso, la génesis no queda clara y no podría decirte exactamente cuál es el origen del drama. El origen puede estar tanto en que el armario es un batiburrillo de prendas que te ha empujado a salir a comprar sin control como en que, a causa de comprar sin control, has construido ese armario batiburrillo. Esto daría para una divagación extensa. Pero como no estamos en la caverna de Platón, no nos vamos a perder en bucles filosóficos. Porque, para el caso que nos ocupa, es lo mismo. Un caos.

Lo que es empíricamente demostrable es que la compra consciente es desencadenante de un armario que funciona. El modo en que esas prendas lleguen a tus perchas determinará la vida que tendrán contigo. El uso que tendrán y, sobre todo, la felicidad que te darán. Porque la ropa está para hacerte feliz. Ella a ti. Tú eres la que ha de elegir a la protagonista de tu felicidad, a aquella con la que te miras al espejo y te sientes maravillosa y especial. Si te digo esto, ya quizás percibas que eso de comprar bajo la premisa del «ya si eso» no es tan inocente y banal como suena porque tiene consecuencias. Piensa en la forma en que sales a comprar. La forma en que esa ropa ha ido entrando en tu armario. Tanto si la compras como si la heredas. Porque, aunque la hayas heredado, ¿por qué decidiste quedártela? Analiza el criterio que seguiste para que esté ahí colgando en tu armario.

En la selva de las tiendas, hay diferentes tipos de compradoras. Diferentes perfiles de mujer que salen de compras con una u otra actitud, que si formaran parte de un documental de National Geographic responderían a una clasificación que podría ser esta:

—**La que compra en modo descarga eléctrica:** está frente al armario, no sabe qué ponerse, tiraría todo lo que tiene, pondría una bomba lapa para deshacerse de su contenido de forma automática y sin echar la vista atrás. Así que, tanto por el bien de la comunidad de vecinos como por tener un mínimo de responsabilidad para no acabar detenida por pirómana o terrorista, sustituye su peligrosa tentativa por salir a comprar por impulso. Como si le dieran descargas eléctricas. Lo que ve se lo lleva. Porque se lo ha visto a no sé quién o porque [inserta aquí la razón que sea], pero ella se lo lleva y punto. ¿Para usarlo cómo y con qué? Que suene la música dramática.

—**La que se enamora:** ella se enamora de lo que ve. Es todo tan ideal, tan ideal, que no puede dejarlo ahí. Lo ve y lo quiere. Es la prenda de su vida, la compra perfecta por la que lleva suspirando desde el principio de los tiempos. Es tan enamoradiza que eso mismo le pasa con todo lo que ve. O tiene demasiado amor que dar o tiene un apego un pelín desorganizado. Lo malo es que no todas esas ranas que se lleva a casa se convierten en príncipes.

—**La negacionista:** esta es todo lo contrario a la anterior. Porque su punto de partida habitual es siempre el NO. Nada le queda bien, nada le gusta, nada le favorece. Sin un trabajo previo de quererse y conocerse es imposible que localice la ropa que le saca partido. Su ojo irá siempre en modo NO y solo se fijará en eso que no es precisamente lo más favorecedor para ella, de ahí que piense que nada le queda bien (porque siempre se prueba lo que no le queda bien). Su armario, generalizando, suele ser escasito, que precisa de soluciones inmediatas, por lo que al resultado de volver con las manos vacías hay que añadirle la sensación de frustración por no haber dado con la varita mágica o el abracadabra que ponga fin a la desertización de su guardarropa.

—**La que se cree Diana Cazadora:** es la que sale a la calle pensando que en las tiendas va a estar todo lo que tiene en mente encontrar y que además lo va a lograr en un paseo breve. Todo en la misma tienda y prontito. Estos milagros a veces suceden (suceden después de una investigación previa, lo que acota las posibilidades de ese encuentro fabuloso), pero lo más probable es que no te pase. Porque un buen armario se construye poco a poco.

—**La del atracón:** que lo quiere todo para ella. Y se compra lo mismo en varios colores, tiene trescientos pares de vaqueros prácticamente iguales, tiene que comprarse lo que lleva no sé quién porque es tendencia y es la reina de las prendas plaga. Y si no encuentra nada interesante, se lleva una (OTRA) camiseta más. El caso es llevarse algo. Aunque el resultado sea un armario llenísimo, pero sin nada que ponerse, porque tiene ropa difícil de gestionar y, además, en diferentes colores (eso sí que es caer más de dos veces con la misma piedra).

Todos estos perfiles de compradora tienen algo en común: salen a comprar sin una base sólida. Sin una hoja de ruta ni una estrategia. Es el culmen del actuar sin pensar. Por eso, la moraleja del cuento es que no se puede tener un armario equilibrado si no se actúa desde la compra consciente.

Y para tener ese armario consciente, no te puedes saltar capítulos a la torera porque, que yo sepa, no eres Ana Peleteiro para pegar un triple salto de medalla olímpica. Porque, para dar ese salto y que funcione, tienes que estar preparada y currártelo. Así que, si no es el caso, vuelve al capítulo 1 y ejecuta el paso a paso. Si eres una *estilaria* obediente y has ido por el buen camino, entonces habrás pasado por el cribado. Habrás vaciado tu armario y dialogado con su contenido para conocer al dedillo lo que le falta. Y tendrás la lista mágica. La única Biblia que guiará tus pasos cuando salgas de compras. Así te convertirás en el espécimen de compradora perfecta:

LA ILUMINADA

Aquella que siempre acierta con sus compras porque sabe qué llevarse a casa, porque no se deja convencer por las luces de colores y los cantos de sirena, la que se ciñe a lo que su armario necesita y la que, como conoce tan bien su contenido, si aparece una joya que se cruza en su camino, sabe si encaja o no entre lo que ya tiene.

Y tú vas a ser una iluminada.

La que no se va a dejar cegar por nada. La dueña y señora de sus actos.

En ese proceso de iluminación, el espejo es tu hada madrina. Con los pajarillos y ratones cantarines incorporados. A tope de cuento Disney, que ya te habrás dado cuenta de lo mucho que recurro a ellos porque son toda una fuente de inspiraciones metafóricas. La compra consciente necesita de esa sesión previa de espejo para que te conozcas bien. Y esa hada madrina también negociará con cada una de las prendas que te pruebes. No te escondas en el drama y sé sincera contigo misma (sincera, no dramática) y con tu realidad. Porque si sumas un buen criterio al dominio del contenido de tu armario, vas a obtener tanto poder que ríete tú de la Bruja Escarlata.

El ejercicio del espejo al principio da pereza. Quizás para ti, ponerte delante de él a analizarte es uno de los planes menos apetecibles del universo. Pero yo te prometo que, practicando el espejo *estilario*, te irás enganchando a mirarte y a piropearte y te alejarás del «se supone que», que es el padre del armario desestructurado y tan abigarrado como inútil. Por ejemplo, te compras una gabardina porque se supone que hay que tener una gabardina (aunque vivas en pleno desierto de Atacama). Se supone que hay que tener algo de lentejuelas (aunque te piquen muchísimo y te irriten la piel y no tengas planes de noche desde Casimiro). Y así miles de frases no sustentadas en tu vida porque no pasas primero por el filtro del espejo.

—Vete a tu armario y localiza si tienes frutos de compras no planificadas. ¿Te dan penita o vergüenza? ¿Los miras y te entran los mil males pensando en ese dinero desperdiciado? ¿Te preguntas en qué momento decidiste que eso era necesario en tu vida?

Ya has visto que es importante que seas dueña de tus compras y que no hay que salir corriendo a comprar cada vez que te falte algo. Porque esto no funciona del mismo modo que cuando te quedas sin lentejas, que bajas al supermercado y siempre las encuentras. La probabilidad de que consigas lentejas es del 100 %, vayas al supermercado que vayas. Sin embargo, salir corriendo a por un top que se te acaba de antojar como perfecto para un *look* repentino es más parecido a si de repente quieres alfajores Havana y no vives en la calle Corrientes de Buenos Aires: que quizás los encuentres (sobre todo, si sabes dónde buscar), quizás no. Si vas a la aventura, pensando que donde primero entres localizarás el top de tus sueños, perderás tiempo y energía. Es probable que no lo encuentres y te compres otra cosa que no es igual, ni siquiera parecida, y que se postule a cadáver de armario. O que vuelvas con las manos tan vacías como tu autoestima, flagelándote porque nunca encuentras nada, ergo… esto es porque, según tú, «todo te queda mal». Y si te das cuenta, el viaje siempre termina en la misma estación.

Las compras mal planificadas son fuente de dramas por lo que significan ellas en sí mismas. Porque la sensación de no acertar comprando no se desvanece y se queda rumiando en tu cabeza, haciendo que te cuestiones tu imagen. Por eso puede ser de gran ayuda tipificarlas para que identifiques el acecho de la compra maligna y para que tu alma sepa entender y perdonar ese dinero mal gastado sin castigarte y sin que le des vueltas excesivas a tu cabeza. Que ya bastantes cosas tiene. Dale vueltas al precio de los tomates, a los informes que tienes que presentar en el trabajo o a la bechamel porque si no quedan grumos. Pero no pierdas tu preciado tiempo en darle vueltas a lo que has comprado mientras te planteas si no eres capaz de tomar decisiones como persona adulta.

Estos podrían ser los diferentes tipos de actitudes fatales saliendo de compras:

—**Las compras del aburrimiento:** has quedado y has llegado pronto al punto de encuentro. Hay una tienda cerca y te convences de que es una genial idea entrar y comprar algo para hacer tiempo. O estás dando un paseo sin norte y entras en una tienda para entretenerte y compras.

—**Las compras de la urgencia:** esa que crece en el árbol del «no sé qué ponerme» o del árbol «necesito una blusa verde para este pantalón de cuadros». ¿En qué momento entra un pantalón en tu armario que no tiene amiguito al que darle la mano? Recuerda: ¡los monitos!

—**Las compras de la pena:** estás pasando por una ruptura, tienes conflictos en el trabajo, tu vida te sobrepasa, tu casa te pesa, las hormonas tienen una fiesta montada en tu cuerpo, te sientes el despojo del siglo… Sea lo que te esté haciendo sentir triste/ansiosa/descontrolada, necesita ser tratado.

Encararte con el problema y averiguar su raíz para poder solucionarlo. Pero comprando no lo erradicas y solo vas a conseguir ser un poquito más pobre.

—**Las compras de la euforia:** has aprobado un examen, has terminado un proyecto, has cambiado de peso, has superado un muro que te estaba resultando difícil escalar... y, como homenaje, sales a comprar. El himno a la alegría que te estás marcando mientras gritas a todos los vientos un «me lo merezco» tampoco es garantía de nada. Porque, además, en medio de esa euforia es probable que acabes comprando *looks* perfectos para la vida de Penélope Cruz y no para la tuya.

—**Las compras de la belleza:** sea porque te sientes con el guapo subido o sea por todo lo contrario. Porque si te sientes Miss Universo, te vas a venir arriba tanto que te va a faltar la bola disco de Studio 54 en medio del probador y, si tienes el día más del tipo Betty la fea, te ocultarás en ropa gigante que a lo mejor ni va con tu estilo ni te llama la atención.

Lo que sí es importante tener claro son los conceptos de que las compras no son ni homenajes ni recompensas. Si te las tomas así, es probable que te estés llevando a casa otra nueva versión de la misma prenda que ya tenías, o que compres algo que no encaja ni en ti ni en tu estilo de vida. Otro cadáver de armario condenado a morir de inanición con la etiqueta puesta. De ahí que si has hecho tus deberes *estilarios* y sabes lo que tienes y lo que tu armario necesita además de lo que te apetece e ilusiona esa temporada, entonces será más sencillo comprar y triunfar. Y no acabarás refugiándote en las compras como una respuesta a nada. Una ventaja que además te permitirá disfrutar con calma de los paseos por las tiendas: tu radar se activará cuando vislumbre algo de esa lista. Pero el monstruo de la frustración estará tranquilo y ocultito.

Buena compra es toda aquella que cumple todos los requisitos de triunfo:

—**Te encanta.** Te pondrías esa prenda a todas horas porque es cómoda. Cuando te la pruebas tienes la sensación de que lo querrás llevar todo el tiempo porque te sientes guapa, especial, estilosa y favorecida.

—**Las que desearías que fueran eternas.** Son esas prendas con las que te sientes favorecida y feliz.

Yo tengo unas botas mosqueteras de ante, tacón fino pero no muy alto y unas sandalias negras de tacón cuadrado y un poco de plataforma, con más años ambas que un dolmen. Los dos pares me encantan y son mi tesoro divino. Vivo con miedo de que se mueran. Son, por tanto, unas buenas compras. Y están ya en mi radar de potenciales compras porque sé que no van a ser eternas (están entrando ya en fase de descenso), así que las tengo en mi lista mental por si aparece de repente la sustituta ideal. Porque, como pasa con el símil de las lentejas, el día que se rompan no voy a salir a la calle y las voy a encontrar allí esperándome. Lo más probable es que esto no suceda de forma tan automática. Y lo ideal es no comprar un parche, sino algo con lo que me vaya a sentir como con sus predecesoras y con lo que podamos disfrutar de una vida en común larga y feliz.

—**Te hace falta.** Es algo que necesitas. Pero esto no significa que lo necesitas solo para un *look* (el ejemplo de la blusa verde para el pantalón de cuadros). No. Tiene que ser algo que funcione en tu armario. No quiero decir que combine absolutamente con todo porque eso es una utopía y una absurdez. Pero sí que armonice con el estilo y el contenido de lo que tienes. Que guarde coherencia.

—**Otros factores.** Está bien de precio o es de calidad. O ambas a la vez. Si le añadimos estos factores, las probabilidades de que sea una joya recurrente de tu armario se disparan.

Ojalá la ropa tuviera etiquetas de «buena compra» cuando entras en una tienda. Un neón con tu nombre señalizando cada prenda perfecta para ti. Lo más parecido que se me ocurre es que yo te acompañe de tiendas o que prepare una selección de compras en un servicio de asesoría *online*. Mientras tanto, como esos neones por ahora no los han inventado, tienes que ser tú la que seleccione esas compras. De ahí que conocerte, pasar tiempo de espejo, tener tu armario cribado y ordenado sean los polvitos mágicos para que no tomes decisiones de compras perniciosas.

Si te saltas alguno de esos pasos y crees que lo tienes dominado, ya te advierto que vas a meter la pata. Porque la mente juega muy malas pasadas y te hace visualizar realidades que no existen. En mis días de posparto hice las peores compras de mi vida. Con las hormonas locas, sin dormir de noche y con muchos minutos muertos durante las tomas, me dedicaba a ver tiendas *online* y a comprar ropa estupenda para cualquier otra persona menos para mí. Los vestidos más horrendos y que menos me han favorecido en la historia de vida. ¿Eran horrendos porque me los compraba de estampados feos? En absoluto. Las prendas no eran feas. El problema es que eran prendas seleccionadas sin tener en cuenta mi nuevo cuerpo de posparto, ni mi nueva realidad, ni mi estilo. Y la que se sentía fea vistiendo aquello era yo. Afortunadamente, en esa época el que se llevaba todas las fotos era mi hijo. Y así no hay apenas documentos gráficos de mis *looks* peculiares con vestidos de golondrinas (yo, que apenas uso estampados, ¿en qué momento decido que las golondrinas me definen?). Esta anécdota es en realidad una muestra más de lo importante que es conocer y dominar nuestra imagen. Nuestra esencia. Nuestras proporciones. Mantener actualizada esa imagen en nuestro cerebro es fundamental para que no se produzcan realidades encontradas y poder disfrutar de nuestro presente.

Claro que todo esto que se ve muy sencillo tiene también sus enemigos ocultos. Como, por ejemplo, el furor del probador. El probador es un agujero negro. Es como el triángulo de las Bermudas. Es la única razón que puede explicar que te veas divina frente al espejo de la tienda y que al llegar a casa... EN FIN. NO HAY PALABRAS. La causa es el furor del probador, que es el culpable de que no estés analizando en perspectiva el efecto total de lo que llevas puesto. Que no estés valorando lo realmente importante de la prenda: si encaja en tu estilo de vida, si es de tu estilo, si sus colores son los idóneos para ti, si va a funcionar con el resto de tu armario...

El furor del probador también nos arrastra a no mirar a las dudas cara a cara. Porque si empiezas con las dudas y tienes la necesidad de una segunda opinión, de que alguien valide esa compra por ti, entonces es que no es una compra de éxito. Para deshacer esas dudas, puedes utilizar el recurso de mirar la compra como si tú fueras otra persona. Y conociendo su estilo y su vida, preguntarte si esa compra funcionaría en su armario. Si la respuesta está más cerca de un «bueeeeeno» que de un SÍ rotundo, es que es NO. Déjalo ir: te prometo que no te vas a arrepentir.

LA NIÑA DE LAS GANGAS

Las rebajas son un ecosistema peligroso. La gente se convierte en parte de una manada de ñus asustados y actúa como si estuviese en un concurso de televisión. El Grand Prix del descuento. Todo el mundo corriendo y buscando cosas ocultas en montañas de ropa desorganizada. «¡Tengo unas botas mosqueteras al 80 % de descuento, de la talla 40 aunque calzo el 39! ¡Les pongo plantilla! ¡Qué triunfo!». Presumiendo de los hallazgos a mejor precio, como si lo realmente importante fuera la cantidad de descuento al que se ha conseguido algo. Sin importar tan siquiera lo que se llevan a casa. Solo con la medalla del descuento.

Pues déjame decirte que el triunfo no está ahí. El triunfo tanto puede estar en encontrar algo que te hacía falta, que buscabas, que es un buen fondo de armario para ti..., ahorrando dinero (obvio), como también puede estar en simplemente no comprar nada. No es obligatorio aprovechar las rebajas. Porque aprovechar las rebajas no consiste en comprar por comprar. Aprovechar es que localices algo de tu radar de compras y que puedas ahorrar unos euros. Fantástico, entonces. Astros alineados.

Si tú vas al supermercado y están las gambas a un 80 % de descuento, pero eres alérgica al marisco, ¿te las comprarías? No tiene sentido que te lleves a casa algo que no te puedes comer y, probablemente, ni siquiera tocar. Pues con la ropa, piensa igual. Si tú ves unos botines maravillosos, fantásticos, para subir al Himalaya, con un descuento increíble (que antes costaban 6.789.900 euros y solo cuestan 12 euros), ¿te los vas a comprar?, ¿es que vas a darle un giro a tu vida y a convertirte en sherpa?, ¿o te autoconvences de que vas a coronar el K2 cuando no has vuelto a hacer deporte desde la época del aerobic de Eva Nasarre? Pues cada vez que veas algo con descuentazo y lo único que te atraiga de ello sea precisamente esa rebaja, plantéate la metáfora de los botines del Himalaya.

CÓMO ECHAR EL ANZUELO

Para acertar comprando hay que tener actitud compradora. Actitud compradora no es ganas de comprar y ya, sino saber moverse por las tiendas. La ropa es la presa y tú eres el guepardo. Acecha, hasta que la pieza está perfectamente preparada para que saltes a por ella.

Y eso no es compatible con entrar en las tiendas en modo lacia. Como de huelga de brazos caídos. Entrar en una tienda con poco ánimo es garantía de fracaso, crónica de una muerte anunciada. Además de con la lista mental, hay que ir activando los sensores ópticos. Solo de esta manera se posarán en las posibles presas que atrapar. Y filtrarán los elementos que no aportan y no son de interés. Así la saturación será menor.

Porque comprar en tiendas grandes abruma. Si no llevas el ojo amaestrado, si dejas que viaje de percha en percha sin orden ni concierto, es normal que acabes saturada, que te canses aun sin haber mirado nada y que te frustres, que no compres o que lo que compres no sea acertado. Por eso, esa lista mental actúa de colador. Y no se pierde en lo que no aporta. Focaliza solo en esos candidatos. Esta lista también te va a salvar en el caso de tiendas más pequeñas y de boutiques en las que los dependientes practican el acoso y derribo, y en las que acabas comprando solo por la vergüenza de no tener que decir que solo estás mirando.

Al comprar ropa, juega también un papel importante el tacto. Toca la ropa. El tacto te ayuda a comprender la prenda, a valorar el tejido (si da el pego o no, si es de calidad o no). A través del tacto, entenderás si la prenda hará bolitas o no, por ejemplo. Tocar la ropa te conecta con lo que estás haciendo. Pasas de ser espectadora a protagonista. Así que cúrrate el papel de tu vida.

Cuando se hace a distancia

La compra *online* es un arma de doble filo. Porque, por un lado, es un fabuloso invento para cuando no se tiene tiempo. O que te acerca marcas y tiendas a las que físicamente no tienes acceso. Además, es la alternativa estupenda si odias ir de tiendas porque te agobias y te abrumas entre tanta ropa. Y aquí empieza el peligro.

Por un lado, es un peligro porque si no te conoces o no has conectado con tu imagen del presente, es la hechicera que te encandila para que te compres la prenda X que ha sacado la *influencer* B. Te engañas a ti misma diciéndote que no tienes que pensar. Pero te saltas todos los pasos intermedios necesarios para que una compra triunfe. Está bien eso de que te echen un cable al comprar. Pero lo que tú ves como un ahorro de tiempo en realidad es un espejismo.

Es un peligro también porque si compras sin lista de armario, vas a meter la pata igual que en la tienda. Y es un peligro pensar que te libras de tener que pasar tiempo entre ropa. Porque no la puedes tocar, no te rodea, pero para salvar este límite y si quieres que tu compra sea de éxito, deberías pararte un poco más en cada una de las prendas antes de meterla en la cesta de la compra.

Amplía las fotos de las prendas, lee las descripciones y la composición. Porque lo que tú imaginas a veces dista de lo que es en realidad. Con las tallas..., ahí hay melones para abrir y abrir. A veces, las tablas de medidas son fiables, y otras, están ahí por estar. Entonces, lo mejor es que empieces comprobando cuáles son las condiciones de cambio o devolución para que puedas disfrutar de tu compra con tranquilidad y seguridad. Y ante la duda, también es útil comprar las dos tallas entre las que vacilas. Quizás tengas que devolver ambas, quizás una. Pero al menos acortas los viajes y también tu desgaste.

Y absolutamente fundamental es que no todo lo que veas, no todo lo que te salte en publicidades de redes sociales, te lo tienes que comprar. Seguro que si tienes hijos o sobrinos y van contigo por la calle, sienten antojo por todo lo que ven. «¿Me compras eso?» es la frase más repetida por los niños del mundo a lo largo de la historia. Sin embargo, rápidamente desenfundas el argumento de «eso no te hace falta, ¿para qué lo quieres?» o «no hay que comprar todo lo que vemos». No diré nada más que: «aplícate el cuento».

CONSCIENTE ES TAMBIÉN RESPONSABLE

Tu armario agradece que compres de forma consciente, pero también lo agradece el medioambiente. La industria de la moda es la segunda más contaminante del mundo: a ver si te crees que la ropa nace así de bonita de las tiendas. Los procesos de fabricación de cada tejido y de cada prenda precisan de millones de metros cúbicos de agua y producen un 20 % del total de las aguas residuales del mundo. A eso hay que sumarle que recibimos mensajes continuos de «compra, compra» y «lo nuevo, lo nuevo» que incitan al consumo compulsivo. El concepto de usar y tirar aplicado al armario. El problema es que el resultado de esto es la gran cantidad de basura que se genera. Una basura que no se degrada. La ropa es un residuo casi eterno. Por eso, o termina en vertederos inmensos que no dejan de crecer, o se incinera; imagina el humo negro que sale de quemar esos tejidos sintéticos.

Además, se ha generalizado la fabricación de la ropa en países que no nos quedan precisamente cerca. Y esa ropa tiene que venir a nuestro país, a las tiendas en las que compramos. Así que vamos a sumarle a todo ese proceso de polución el viaje que hace desde donde se ha fabricado hasta nuestro armario. Esos aviones o barcos que contaminan a su vez. Lo mires por donde lo mires…, es una industria altamente contaminante.

No te cuento esto para castigarte ni para reñirte. En ese sistema estamos todos dentro. El *fast fashion* nos educó a eso: a que ya no había que esperar un año para estrenar, a que podías vestirte de pasarela sin pagar alta costura, a que no había que pensar si eso te iba a favorecer o no porque, si era que no, lo tirabas y te ibas a por otro. El precio no duele. Pregúntale tú a alguna clienta de Cristóbal Balenciaga si se cansaba del vestido y lo tiraba para irse a por otro. Puedo imaginar el desdén con el que te miraría ante esa pregunta.

Lo que es evidente es que urge cambiar la actitud que tenemos hacia la ropa. Por eso, que descubras tu estilo propio te va a ayudar a comprar menos a lo loco, por ejemplo. Te resultará útil para eliminar las compras capricho. Porque no queremos más cadáveres de armario: esos cadáveres son tu contribución al mal del medioambiente (por no hablar de la contribución a las malas condiciones de trabajo en muchos talleres de Oriente en los que los derechos humanos y del trabajador brillan por su ausencia). Tu granito de arena.

Puedes pensar que sí, que todo esto está muy bien, pero que la culpa no es tuya. Que quienes tienen que arreglar esto son los que lo han estropeado. Que se preocupen de utilizar materiales más responsables, que no fabriquen en talleres de dudosa humanidad y mil cosas más que deberían hacer. Es obvio. Pero es que en tu mano también está contribuir con tu actitud, ya que si la sumamos a la de todos los consumidores de moda del mundo, tiene un efecto medioambiental y social bastante potente.

¿Qué puedes hacer tú? Lo más fácil y además lo más cómodo e inmediato es LAVAR MENOS. Lavamos la ropa por encima de sus posibilidades. La ropa se lava si está sucia. Si tiene manchas. Pero si no está sucia, no se lava. Seguro que si no tuvieras lavadora y tuvieras que hacerlo a mano, en un río helado, te pensarías más cada prenda que echas a lavar. Los vaqueros no deberían lavarse nunca salvo si están MUY sucios. Lavar es un proceso altamente contaminante y, además, deteriora las prendas, lo que provoca que tengas que comprar más a menudo para sustituirlas. Y por supuesto, siempre sin suavizante. El suavizante es absolutamente innecesario porque, además de contaminante, daña mucho la ropa y estropea sus fibras.

Si la ropa se estropea, se arregla. Se le ponen botones, se le cambian las cremalleras, se ponen tapas a los zapatos. Claro que, como la ropa es tan extremadamente barata (y de baja calidad), nos asustan los precios de los arreglos y preferimos tirarla y comprar otra nueva. Al tirarla, generas basura muy contaminante y propicias que oficios como los de costurera o zapatero vayan desapareciendo. Y al comprar otra nueva, adquieres potencial basura y contribuyes a esa rueda nociva de la ropa. Entonces, ahora entiendes que te anime a que compres menos cosas, pero de calidad. Porque a unos zapatos buenos siempre va a compensar ponerle unas tapas y seguir usándolos y amortizándolos. Imagina todos los árboles sonriendo y la capa de ozono con ojillos de felicidad.

Abraza la segunda mano. Tanto en tiendas como en plataformas *online*. Ropa de segunda mano que no tiene por qué ser solo *vintage* o de marca. Puede ser ropa normal y corriente. Camisetas, camisas, pantalones de uso diario. Existe muchísima ropa sin usar, con etiquetas, casi nueva… que merece tener un nuevo hogar y seguir viviendo. Si quieres consumir de forma compulsiva, hazlo mejor así. La prenda más sostenible es aquella que ya existe. Así que si no la tienes ya en tu armario, vete de compras al armario de otra.

Por la misma razón, antes de tirar la ropa a la basura, dónala. Regálala. Véndela. Y si no vas a hacer nada de esto o ya está tan usada o rota que no se puede seguir usando, llévala a reciclar, a un punto limpio o a los contenedores que tienen algunas tiendas de ropa. Siempre será algo mejor que quemarla o tirarla directamente al contenedor.

Al hablar de reciclar, también está la opción del *upcycling*. Coger una prenda y convertirla en otra cosa. Que, de un mantel viejo, salgan camisas, por ejemplo. Lo que han hecho las abuelas toda la vida. Mi abuela es la reina del *upcycling*. En mi casa no se ha tirado nunca ni una prenda. De una camisa de algodón salían trapos fantásticos para los cristales; de un abrigo, paños para la madera; de un vestido: manguitos o ribetes para las toallas. La creatividad de mi abuela y de su *singer* no tenía límite. Un día decidías que esa chaqueta ya no era para ti y a la semana siguiente te la encontrabas convertida en cojines. Con los arreglos de los puños de las blusas le hacía yo unas faldas divinas a mi Barbie.

Y, evidentemente, es elemental saber qué compramos y a quién se lo compramos. Porque deberías plantearte por qué algo vale tres euros solamente. Porque si una prenda es tan sumamente barata es porque sus procesos de fabricación son oscuros. ¿Cómo puede costar un vestido cinco euros incluyendo el tejido, el diseño, la fabricación y el transporte desde China? No te autoengañes diciendo que no tienes presupuesto para comprarte vestidos de mejor calidad, que hay ropa que es cara. El problema es que nos han acostumbrado a la compra continuada. De esa forma, es lógico que no tengas presupuesto para comprarte diez vestidos cada temporada. Cuando, en realidad, deberías comprarte un vestido al año. No digo a la temporada: al año. Uno de calidad por el mismo precio que te costarían diez vestidos a la temporada por cuatro temporadas que tiene el año. Es falsa la creencia de que un armario versátil es el que tiene mucha ropa cuando no es así. Con poca ropa pero bien elegida matamos todos los pájaros de un tiro. Como es de calidad, permanecerá años en tu armario. Y así es como crece un armario de forma sostenible y responsable: porque cada año, a ese vestido que sigue estando como nuevo, le añades otro y ambos seguirán al año siguiente para cuando llegue el tercero. Ropa de cercanía, marcas españolas, fabricantes artesanales, talleres locales…, todo eso forma parte del precio del producto, pero mejora tu armario. Recupera los hábitos de compra de la época de nuestras abuelas: en la que se compraba muchísimo menos, más pensado y más consciente, con el objetivo de usarlo mucho y valorando su calidad y su costura.

Y sí, el resumen de una compra consciente y responsable es sencillo: la compra más sostenible es la que haces en tu propio armario. Conocer tu ropa, jugar con ella y sacarle partido es la actitud más sostenible que hay. Así, ni *greenwashing*, ni disculpitas poco creíbles.

#NOSETEOCURRA

Pedir milagros.
Si algo no te gusta, ponte manos a la obra.
Las aguas no se van a abrir para ti
si no trabajas en aprender a hacerlo.

10

Diario de *looks*

stamos llegando ya al final del camino. Que sea el final del proceso no significa que se trate del final-chimpún. Que ya no tengas que hacer nada más, por los siglos de los siglos. Porque, por ese camino que acabas de empezar, pasarás cada día con cada uno de tus *looks* diarios. Vestir cada día con mayor conocimiento de lo que tienes en tu armario, con mayor dominio de lo que te favorece, con la seguridad que proporciona controlar lo que haces te hará, poco a poco, ir disfrutando de ese camino. Y sobre todo, te irá guiando por nuevos senderos para experimentar otras rutas.

Comenzarás a ser tu propio Pepito Grillo, que vivirá tranquilamente en uno de los cajones de tu cabeza, pero alerta y dispuesto para cuando entres en etapas en las que te aburras de vestirte. O tengas menos ganas de inventar y experimentar. Esos momentos de armario quemado en los que te quedas siempre con el uniforme de *looks* que repites cada día. Algo que suele ocurrir más frecuentemente en invierno. Una estación en la que es más fácil que te aburras de ponerte una y otra vez los mismos jerséis y botas porque no deja de llover, por ejemplo. Así que te dejas atrapar por los mismos recursos, en bucle, y es entonces el momento de que Pepito te diga que te pares, que sacudas la cabeza como cuando en las películas salen de un mal sueño, y mires tu armario con ojos fresquitos para seguir disfrutando de las opciones que te ofrece su contenido de éxito. Una vez que tu armario está cribado y analizado, lo que hay dentro ya son montones de gatitos que te miran con carita demandante de cariño y maúllan para que les hagas casito, ese contenido que has ido construyendo sobre sólidos pilares. Aunque tengas en tu armario la ropa perfecta, la ropa soñada, a esos montones de gatitos les tienes que dedicar tiempo de espejo para jugar con ellos. Cuanto más juegues con ellos, más ganas tendrás de volver a hacerlo. De lo contrario, te quedarás anquilosada en tus uniformes de salvación y, más pronto que tarde, habrás caído de nuevo en el lado oscuro y tendrás que volver a empezar.

También te digo que da igual que hayas memorizado palabra a palabra lo que has leído en este libro. No te vayas a esperar el milagro de la ciencia infusa y del aprendizaje por esponja. Aquí he volcado todo lo necesario para que recorras ese camino con éxito. Pero si solo lo memorizas pero no lo ejecutas, no vas a cambiar nada. La teoría sola no sirve. Esto es 50 % teoría con su 50 % práctica. Es como si pretendes sacarte el carnet de conducir solo con el teórico. O si eres buenísima jugando al Mario Kart y ya te consideras preparada para lanzarte a la M-30. No, *estilaria*. Toca pasar por los pedales, las marchas y las referencias para aparcar. Y con el armario..., ya sabes: espejo, vaciar y probar.

Por eso esa práctica exige el compromiso del que te he hablado en la introducción. Las prisas y las mañanas no son las mejores amigas de los *looks* innovadores cuando quieres aplicar ideas más allá de tu zona de confort. Para eso hace falta tiempo. Que sueñes por la noche con un *look* maravilloso que en tu cabeza funciona con movimiento a cámara lenta, golpe de melena, mano levantada pidiendo un taxi, café desechable en mano y bla bla bli; no significa que a las siete de la mañana, cuando te lo pongas, vaya a tener ese resultado. Y si no lo tiene, se abre el telón para que el drama del «y ahora qué me pongo» entone su aria. Y claro, es el turno del *look* confort. Pues, ¡hala!, castillo de naipes al suelo. Para que eso no suceda, las ideas las tienes que probar, para afinarlas y llevarlas siempre a tu terreno, hay que dedicar tiempo de vez en cuando a ensayar en el espejo para que toda la ropa salga a la palestra y no quede nada abandonado ni arrinconado. Para que no te vistas recurrentemente de la misma manera. Eso es como si vas siempre a trabajar por el mismo camino. Sabes que funciona, que llegas bien y pronto. Pero el día que cambias y vas por otra ruta descubres sitios que no conocías. Maravillosas sorpresas. Pues combinando ropa pasa exactamente igual.

TRATA DE ARRANCARLO

Para que la ropa funcione entre sí y puedas combinarla, tienes que ponértela. Ver cómo funciona en ti y entre sí. Tan sencillo como eso. No vale que te lo imagines porque ya hemos visto que, de lo que ves en tu cabeza a lo que finalmente es, puede haber un trecho. Así que, para poder montar tu diario de *looks*, tienes que probar. Las películas que te montas en tu imaginación no siempre tienen un final feliz porque no se corresponden ni con la realidad de la prenda ni con la realidad de tu cuerpo.

Para empezar a montar tu diario de *looks*, puedes utilizar un color como punto de partida. Por ejemplo, un jersey marrón. Y a ese jersey le vas a poner las prendas con las que podría ir bien. No hagas trampa y te quedes en el *look* básico que siempre usas. Se trata de exprimir sus posibilidades, de explotar su versatilidad a tope. Has de ser realista. Tampoco se trata de que crees *looks* que sabes con total honestidad que no te vas a poner.

Al empezar por un color, limitas el rango de prendas de tu armario a las que prestar atención y el proceso es más abarcable que si intentas hacerlo sin acotar nada. Resulta más complicado si no focalizas en algo concreto porque te va a vencer el peso de la saturación visual. Así, una vez que termines de sacar *looks* con la prenda en ese color, puedes ir saltando a otras. Y puedes hacerlo incluso en otro día distinto, para no saturarte. Un día se lo dedicas a las pruebas con los marrones y otro día, a los verdes. Así con todo el contenido.

También funciona que practiques la cadena de ropitas. Consiste en que te pongas un *look* y de ese *look* que llevas, elijas una de las prendas y la uses como hilo conductor del *look* del día siguiente.

Por ejemplo, te pones una falda vaquera midi con una camisa blanca y unas deportivas. Pues al día siguiente, la falda midi es el punto de partida y la combinas con un jersey de punto y cuello pico y unos botines *cowboy*. Y al día siguiente, el jersey con un pantalón masculino y mocasines. Y así sucesivamente. Vas explorando las posibilidades de tu armario y, sobre todo, descubriendo su profundidad. Te sirve también para ir creando y aplicando ideas que has visto y, también, para ir actualizando de forma consciente tu lista de la compra.

EL MAPA DE ISOBARAS

Tu diario de *looks* se denomina diario porque soluciona tu día a día. Es lo que tiene la etimología. Vaya, que es lo que necesitas para vestirte cada día. Por eso, no vale de nada que te inventes un maravilloso *look* de primavera, de chaqueta ligera y sandalias si vives en Burgos y es diciembre. Para que todo tenga coherencia y eso no pase, te toca convertirte en una experta mujer del tiempo. Mutar en un Roberto Brasero de tu armario. Porque el clima es más importante de lo que parece para lograr un *look* de éxito. Ser consciente de la realidad meteorológica es crucial para acertar con tu *look* y no sentirte fuera de contexto. Porque se trata de que lo que lleves solucione tus momentos diarios y no te sientas fuera del plato. El estilo propio erradica la sensación de que nunca aciertas con lo que te pones, así que hazle honor a su filosofía.

Para idear *looks* con los que te sientas especial, no es necesario ser alquimista ni lanzarse a las mezclas raras. A veces, se nos olvida lo más básico y útil de todo, que es tan sencillo como usar el sentido común. Por eso es tan importante separar la ropa por temporadas, por ejemplo. En tu armario de temporada solo ha de estar lo que se corresponda con el clima reinante. Si es invierno, no hay caftanes de verano colgando de las perchas, a no ser que el clima esté más loco aún y haga 35 grados porque el verano todavía no se haya ido. Si no es así, los caftanes estarán guardados para cuando tenga sentido vestir con un caftán.

Los armarios batiburrillo dan como resultado *looks* batiburrillo. Elimina de tu mente el recurso peligroso de que la ropa es versátil si te la puedes poner con todo y para todo. Es la típica afirmación para justificar una compra muy cara, por ejemplo. Pues no. Destierra ya eso. Hay ropa que es de verano, como un kimono estampado de seda, y si lo metes en invierno será un pegote. Así que, ¿por qué experimentar? ¿Por qué te pones en modo Quimicefa del armario? ¿Por qué no dejar que eso repose hasta la temporada que viene, que además así te das el lujo de la sensación de estrenar lo que ya tenías? Y la ropa que es de boda es de boda. Que no todo se puede socializar, que no a todo se le ponen unas deportivas y mira qué informal. Mesura, *estilaria*.

El sentido común también te dice que las estaciones tienen su idiosincrasia y que son una buena guía para decidir qué tiene lógica vestir y qué no. De ahí que, aunque la temperatura baje bastante, en pleno verano no se usan medias tupidas o pantalones de pana. Al menos por ahora. Ya veremos hacia dónde nos lleva esta locura de clima que tenemos.

EL UNIFORME

Tener un uniforme es un excelente recurso para los días en los que te sientes más seta. Te levantas en día plátano, con pocas ganas de pensar, no tienes inspiración, te duelen los ovarios por encima de tu paciencia o estás hasta el moño del clima. Y chimpún. Ahí está el uniforme para que te sientas guapa, representada en tu esencia sin que tengas que echar las ganas que no tienes delante del armario. Evitarás así la pena y el drama de magnificar lo poco que te gusta tu ropa. Sé realista: tu ropa es bonita. Sobre todo si has seguido paso a paso lo que has ido leyendo en este libro. Mira todos tus gatetes maullando con su carita de amor. Y sé realista también, la vida es así: no pasa nada por tener días aburriditos de ti y de vivir. Para eso hemos inventado ese colchón salvavidas del uniforme que te permite saltar con alegría y seguridad.

¿Cuál puede ser tu uniforme feliz? Tu uniforme es tu ropa de seguridad, tu contraseña para seguir en tu mundo real y en tu buen camino. Así que piensa: ¿cuál es tu prenda favorita? Por ejemplo, te sientes muy guapa con una camiseta de rayas. O te ves muy cómoda y favorecida con un vaquero. O ponerte un vestido es lo más sencillo para ti. Localiza esa prenda que para ti es sinónimo de felicidad. La que, si pudieras, te pondrías cada día. Tómala como punto de partida y define ese *look* entero (el mío sería una camiseta de rayas, un pantalón masculino y mocasines; por ejemplo) y lo fotografías para tenerlo a mano mentalmente cuando te haga falta. Para cuando el armario se te haga un mundo pero a la calle puedas salir con todo el divismo que mereces. Como dijo Dr. Jekyll: «Quiéreme cuando menos lo merezca, porque será cuando más lo necesite». Así que, sí, en esos días apáticos tu ropa estará ahí para arroparte gracias al poder del uniforme.

Pero recuerda que tu armario no puede ser solo uniformes. Caminitos fáciles, no. Que los caminos fáciles terminan como ya sabes: mal. Aburrida de ponerte siempre lo mismo y empieza otra vez el ciclo sin fin.

EL ÁLBUM DE FOTOS

Un buen sistema para salir del bucle de lo de siempre porque, aunque pruebes y pruebes tus *looks*, e intentes el ejercicio de ponerte a mezclar la ropa de tu armario, siguen siendo muy parecidos; es que te hagas fotos cada día. En el ascensor o en cualquier espejo que tengas a mano. No tiene que ser una foto perfecta, el objetivo no es que la subas a ninguna red social, que vayan a valorar tus dotes de fotogenia, que te vayan a votar como el rostro del año. Tómatelo como un diario de tu ropa para que al final de la semana, ya con algo más de perspectiva, analices qué es lo que no te gusta porque es un ñeee: el estilo de las prendas, la armonía entre ellas, cómo las has coordinado o colocado... Y qué es lo que te encanta: DE LA ROPA. No caigas en la tentación de empezar a analizar tu cara, tu cuerpo, tu pelo, lo mal que sales en las fotos y veinte mil leguas de viaje submarino. Se trata de que, viendo esas fotos, traces un esquema de lo que te gusta y lo que no. De lo que funciona y lo que no. Como siempre, quedándote en lo constructivo. Cogiendo la esencia de lo que te gusta para seguir aplicándola en siguientes réplicas del *look*. Porque esas ideas, esos análisis, te van a servir de faro. Un faro que al principio va a alumbrar menos que una linterna de juguete. Pero si lo sigues intentando con vehemencia, cuando te des cuenta, la Torre de Hércules será una mera aficionada.

Las fotos son útiles porque también te adelantan el trabajo. Con tu diario de *looks*, de *looks* reales en ti misma, tendrás un montón de ideas. Un catálogo de opciones para no tener que pensar. Que además son TUS opciones, de tu ropa. Solo abrirlo y ya tienes la mañana solucionada. Tú misma delante del espejo pensando: ¿qué plan tengo hoy?, ¿qué día va a hacer hoy? Y ya solo bastará con realizar una revisión de fotos, con la que la inspiración entrará en funcionamiento y tu armario acabará aplaudiendo de emoción con las prendas en la línea de salida y tú tan contenta y feliz. Aplauso.

PINTEREST QUE ESTÁS EN LOS CIELOS

Pinterest es como el cajón del mueble de la entrada de tu casa: que hay de todo. El mueble al estilo bolso de Mary Poppins en el que lo mismo te encuentras unas llaves, que un cargador de móvil, que unas fotos de carnet, que un paquete de chicles. En Pinterest pasa exactamente igual, porque allí te pones a bucear y te encuentras ideas tanto para empapelar el cuarto de los niños como hacer un disfraz o combinar el color gris. La cara B de esta cantidad de información disponible es el peligro de caer en la saturación, por eso lo realmente importante es acotar la información. Porque no es lo mismo que en el buscador pongas «*looks* verano» que «*outfit* para trabajar en verano». Cuanto más lo afines, más fácilmente absorberás lo que es realmente útil para ti. Más respuestas vas a encontrar a lo que estás buscando. El milagro sucede si lo buscas.

Cúrrate tu danza de la lluvia si quieres que llueva. Esa cajita de búsqueda es también tu cable de conexión con tu mundo real. Porque es muy fácil que de tanto ver fotos de Cara Delevigne o de Alexa Chung acabes olvidándote de ti, de tu estilo y de tu realidad y te quieras convertir en un clon de ellas. Y si lo que guardas son sus *looks*, vas a cortocircuitar tu armario.

LA BELLEZA ESTÁ EN EL INTERIOR

La ropa interior es muy importante en el resultado total del *look*. No se ve, pero se siente. Es como la fe. Y tú ahora te vas a convertir en seguidora de la secta de tu cajón de la ropa interior; en auténtica devota.

Elegir la ropa interior adecuada al *look* que llevas es elemental. Si te pones un vestido ceñido y eliges unas bragas de encaje y con la gomilla bien marcada, imagínate qué bonito efecto de lomo embuchado. Una ropa interior bien elegida y de tu talla adecuada (sobre todo, en el caso de los sujetadores) te realza, te afina, te resulta cómoda, te da seguridad. Y si es necesario, siempre viva la faja. No me refiero a la faja colombiana que dejaría a la mismísima Escarlata O'Hara como una aficionada. La faja no tiene por qué ser esa prenda que te comprima y te impida vivir la vida con libertad y paz interior. Usa una faja de tu talla simplemente para conseguir afinar la piel. Y aprovecha su súper poder, porque no solo estiliza visualmente. Esa sensación también te acompaña. Sentirse tan poderosa y portentosa como si caminaras a cámara lenta.

La ropa interior, además de servir como prendas funcionales para que tu *look* quede perfecto, es también un buen salvavidas emocional. Estas prendas son tus mimitos. Tu refugio. Desde tus gustos y tus necesidades, elige una ropa interior especial. Ten en cuenta esos pequeños detalles con los que te sientes bien. No en vano, eso de que la belleza está en el interior es una realidad.

#RECUERDAQUE

Tu «uniforme» es tu ropa de seguridad,
tu contraseña para seguir en tu mundo real
y en tu buen camino. Así que piensa:
¿cuál es tu prenda favorita?

#NOSETEOCURRA

Espejito a trocitos.
Frente al espejo te miras a los ojos
y de ahí, en 360º. No eres bidimensional,
así que disfruta de tus volúmenes
y apláudelos.

II

Actitud *estilaria*: no hay cuerpos imperfectos, sino ropa mal elegida

«En asuntos de vital importancia, el estilo,
y no la sinceridad, es lo verdaderamente vital».
Oscar Wilde.

E l estilo propio empieza por querer y respetar tu imagen. O, al menos, por querer empezar ese camino en el que ponerte a ti en primer plano, para escucharte y atenderte. Sin rehuirte. Porque quizás vivas algunas etapas en las que ese trabajo en torno a tu estilo es una cuerda que funciona como salvavidas. Que te empuja a empezar a dar pasos hacia quererte y aceptarte de nuevo.

Ese amor hacia ti misma viene del respeto a tu imagen. Cuida la forma en la que vistes porque habla de ti y te habla a ti a través de los espejos en los que te reflejas. Cada día es especial y cada parte del día, también. Sea lo que sea que hagas en tu vida, merece un *look* bonito y adecuado. Tanto si es el pijama para irte a dormir como lo que te pongas para cocinar un salmón a la plancha con toda su humareda. Nada justifica que tengas que vestir de pordiosera. Porque ese *look* de pordiosera solo alimenta la mala imagen que puedas tener de ti misma. Además, el lado oscuro y negativo siempre tiene un poder de atracción mayor que el lado de la fuerza de lo bueno y positivo. Así que si te vistes de pordiosera aunque tan solo sea para estar en casa, si te dejas arrastrar por esa inanición, llegará un momento en el que, sin darte cuenta, el pordioserismo se habrá adueñado de la mayor parte de tus hábitos vistiendo. Así es como se pierde la identidad del estilo propio.

La actitud empieza por respetar la importancia de cada uno de los momentos de tu vida y por deshacerte del escudo de «total, para estar tirada en el sofá no me voy a vestir bien». No malinterpretemos los términos porque nos gusta acomodarnos en la postura radical más que a un *hooligan*. Nadie te dice que tengas que ir por casa como si estuvieses en un despacho de *Suits*. Pero sí que sientas satisfacción de tu imagen, de cómo vas vestida. El gustito de verte mona. De vestirte guapa como si de repente fuera a llamar al timbre Pedro Pascal. ¿Le abrirías con ese jersey pelotillero y lleno de lamparones? Con esa actitud te tienes que vestir, aunque no te vaya a ver nadie. Te ves tú. No creo que haya nadie en el universo más importante que tú misma.

¿Puede haber algo más especial y digno de celebración que estar viva? Cada día, aunque sea para hacer lo más cotidiano del mundo, es una razón para vestir bien. Para estrenar. Para pensar tu *look*. Para arreglarte. Para tirarte un beso y un piropo al espejo.

LA *INFLUENCER* DE TU CASA

Ser normal es lo más especial del mundo. No te compares con nadie. No pretendas idolatrar vidas de las que no sabes nada. No idealices lo ajeno simplemente viendo una foto. Cuando en realidad esa foto puede ser solo la parte delantera del decorado de cartón: *El show de Truman*. Porque todo el mundo tiene dolores de regla, a todo el mundo se le cae el pelo, coge piojos y se aburre en su casa. Todo el mundo tiene un cajón en la cocina lleno de chismes que cuando hacen falta de verdad no sabe dónde están. Nunca te compares. Esa fantasía que ves en redes solo ha de servirte para lo que de verdad es útil: para inspirarte. Nunca para compararte ni frustrarte.

Si quieres montarte películas, hazlo. Siempre y cuando tú seas la protagonista y tu vida, el argumento. Que te sirva para pisar por casa como Naomi Campbell. Conviértete en la reina de la alfombra roja de tu hogar. Porque además los demás te van a ver como tú te proyectes. No hay perfecciones, no existen los estándares. Existe esa autoestima de acero corten que te convierte en una diosa de a pie.

LAS CARGAS EMOCIONALES

De esas tienes que desprenderte. Es un lastre que tira de ti hacia abajo y que no permite que te disfrutes. Se tiende a proyectar sobre la propia imagen muchas otras cargas que no le corresponden. Cargas que vienen de heridas del pasado, de dolores de tu vida actual, de ilusiones o sueños rotos, de problemas en el trabajo, de salud, de insatisfacción y de felicidad perdida. O simplemente cargas que quizás no existen, pero que nuestro cerebro se empeña en crear y magnificar.

Por eso, no te vistas para ocultarte. Vístete para disfrutarte. Abrirte la ventana hacia el espejo es lanzarle el cable al enchufe de tu alma para que vuelva a activarse. La ropa es el interruptor para que conectes contigo misma, para resaltarte. Tienes en tu mano un montón de herramientas para conseguir que los demás miren hacia donde tú quieres que lo hagan. Hacia donde te da seguridad, dejando en un segundo plano lo que te causa dudas y con lo que no conectas de ti misma.

Este libro es como la vida. Empieza y termina en el mismo punto: en este caso, en el espejo. Empiezas mirándote en el espejo para entenderte y terminas mirándote al espejo para disfrutarte. El espejo, como ya te he contado, también te ayuda en la forma de llevar la ropa, porque determina el éxito de tu *look*. Remangarte la camisa o los bajos de los pantalones, colocar el centro del jersey o la camisa un poco por dentro y el resto por fuera, usar un cinturón para redondear el *look*... Todo eso también es actitud; actitud de espejo.

Mírate siempre a los ojos. Háblate con cariño. Susúrrate lo que vales, lo que has conseguido, a donde has llegado. Ponte la canción *Creo en mí* de Natalia Jiménez y cántala a voz en grito. Piensa que, como dice ella, lo peor ha pasado. Ya lo has vivido, ya no hay miedo. Y lo mejor siempre está por llegar. Tu yo del futuro siempre va a ser tu mejor versión.

Epílogo

E l estilo propio es como el ciclo del agua. No es lineal. No empieza y termina con una línea de meta. Es más parecido a un eterno bebé que nunca crece. Es como un cachorrito interminable que necesita de cuidado y de atención para siempre. Así que, *estilaria*, mantente continuamente conectada a tu espejo. Cuida tu espejo porque, dentro de él, vives tú. Así no te perderás por los cerros de Úbeda y seguirás evolucionando y redescubriendo tu imagen.

Deseo y espero que hayas disfrutado este libro. Y que te sigas disfrutando a ti misma como emperadora de tus dominios. Que lo hagas con todo el sentido del humor del mundo. Porque la risa es el mejor de los complementos que tenemos. Y el más barato.

Gracias por leerme, *estilaria*.

Dedicatorias

Mi madre se merece la primera de las dedicatorias porque ella, desde el principio de *El Estilario*, desde que empecé a escribir el blog en 2008, creyó en que habría un libro. Y porque ella tiene estilo de manera innata. Estilo y clase. La madre *estilaria*.

A mi padre se lo mando a las estrellas, al cielo azul en el que vive y al que viajó después de varios días nublados para despejarlo él con su llegada y su sonrisa siempre puesta. Porque me legó sus ojos y porque no podría pintarme los labios de rojo sin haber heredado también los suyos.

Las Corleone. Mis mujeres. Las mujeres de mi familia. Mi hermana, mi prima, mi tía, mi abuela. Una colección de mujeres distintas, pero todas fuertes y todas independientes. Estoy orgullosa de cada una de vosotras.

A Eduardo. Porque ha estado y porque seguirá estando.

A Chu. Me tocó la mejor amiga del mundo en el reparto de mejores amigas. Solo con lo vivido con ella, con lo hablado con ella y con lo escrito por WhatsApp con ella, podría escribir otro libro. La racionalidad de mi emocionalidad.

A mis amigos. Los de A Coruña (de siempre), a mis Niñas Ponte (mi colchón), a los de Sevilla; mi gente de Sevilla, mi familia de aquí. Los brazos y los corazones que me cuidan y por los que me siento tan querida. GRACIAS a cada uno de vosotros.

Y por supuesto, a ti, *ESTILARIA*. Eres el motor de todo esto. Gracias por tu apoyo y tu cariño. Y espero que sientas tú también que yo, la jefa *estilaria*, te quiero.

Aquí pongo el punto final
de mi primer libro. Un sueño hecho
realidad después de tantos años, que
terminé de escribir en Ciudad de
México, entre el sol y la luna
y rodeada de margaritas.